# Ist die Integration türkeistämmiger Migranten in Deutschland gescheitert?

## Das Wahlverhalten beim Referendum von 2017

**Bibliografische Information der Deutschen Nationalbibliothek:**

Die Deutsche Nationalbibliothek verzeichnet diese Publikation in der Deutschen Nationalbibliografie; detaillierte bibliografische Daten sind im Internet über http://dnb.d-nb.de abrufbar.

**Impressum:**

Copyright © ScienceFactory 2018

Ein Imprint der Open Publishing GmbH, München

Druck und Bindung: Books on Demand GmbH, Norderstedt, Germany

Covergestaltung: Open Publishing GmbH

# Inhaltsverzeichnis

# 1 Einleitung

> „Ausgerechnet 'unsere Türken' haben Erdoğan gestärkt und gegen Demokratie und
> Gewaltenteilung gestimmt?" – (Zeit Online 2017b)

Diese und ähnliche Fragen sowie Aussagen waren in den letzten Monaten vermehrt aus der medialen Berichterstattung sowie aus weiten Teilen der deutschen Mehrheitsbevölkerung zu vernehmen (vgl. Zeit Online 2017c). Der Auslöser für die mit diesen Äußerungen assoziierte Debatte ist der Ausgang des Referendums über eine Verfassungsänderung in der Türkei am 16. April 2017. Dieses wurde von der Adalet ve Kalkınma Partisi (AKP) – Partei für Gerechtigkeit und Aufschwung – unter Vorsitz von Recep Tayyip Erdoğan initiiert. Das Ergebnis der Abstimmung zeigte, dass eine Mehrheit der Stimmberechtigten eine Verfassungsänderung in der Türkei befürwortet. Auch die türkeistämmige Bevölkerung im Ausland stimmte mehrheitlich für die Verfassungsänderung, in Deutschland waren es 63,1 Prozent (vgl. Ulusoy 2017: 4). Diese Deutlichkeit des Abstimmungsergebnisses wirft einige Fragen in Deutschland auf.

Seitdem diskutieren Politik und Medien über mögliche Gründe, die die hohe Zustimmung der türkeistämmigen Bevölkerung zu einer Verfassungsänderung zu erklären vermögen. Dabei wird unter anderem die Frage nach einer gescheiterten Integration und der fehlenden Identifikation mit Deutschland aufgeworfen (vgl. Tagesspiegel 2017a). Auch in der Bevölkerung herrscht ein Konsens von Unverständnis über den Ausgang des Referendums (vgl. Zeit Online 2017c). Ein Großteil sieht hinter der Zustimmung zu einer Verfassungsänderung ebenso die Befürwortung zu einem Präsidialsystem mit Erdoğan als autokratischem Staatsoberhaupt. Es herrscht Ratlosigkeit darüber, aus welchem Grund die türkeistämmige Bevölkerung in Deutschland für eine angehende Diktatur stimmte, während sie selbst in einer Demokratie lebt und die damit verbundenen Freiheiten für sich beansprucht (vgl. Ulusoy 2017: 6). „Wer hier die Vorzüge der Demokratie genießt, kann sie in der Türkei nicht abschaffen wollen", heißt es beispielsweise in Teilen der Bevölkerung (vgl. Zeit Online 2017a).

Die vorliegende Arbeit soll dazu beitragen die oben angerissene Debatte zu versachlichen sowie der genannten Ratlosigkeit entgegenwirken. Ziel ist es, die möglichen Gründe für das Abstimmungsverhalten der türkeistämmigen Migrant_innen insbesondere in Deutschland herauszuarbeiten. Hierfür wird in erster Linie der medial geführte Diskurs über die fehlende Anerkennung, Diskriminierung sowie

Ausgrenzung türkeistämmiger Migrant_innen und die daraus resultierende Identifikation mit dem Herkunftsland thematisiert und vor dem Hintergrund verschiedener Erklärungsansätze analysiert. Des Weiteren wird der Frage nachgegangen, inwiefern eine Zustimmung zur Verfassungsänderung mit einer antidemokratischen Haltung einhergeht. Entsprechend lautet die Forschungsfrage: Inwiefern stellen Diskriminierung, Ausgrenzung und fehlende Anerkennung Gründe dar, die das Abstimmungsverhalten türkeistämmiger Migrant_innen in Deutschland bei dem Verfassungsreferendum in der Türkei beeinflusst haben können?

Für eine adäquate Beantwortung dieser Frage habe ich mich für die folgende Vorgehensweise entschieden: Der erste Teil wird von einer Annäherung an den Begriff „türkeistämmige Migrant_innen" handeln. Dazu werde ich mich von anderen Begriffen distanzieren und aufzeigen, aus welchem Grund ich jenen für meine Arbeit gewählt habe. Im weiteren Verlauf werde ich im zweiten Teil den politischen Kontext des Verfassungsreferendums in der Türkei skizzieren und im dritten Teil vor allem auf das Verfassungsreferendum im April 2017 eingehen. In diesem Zusammenhang werde ich die möglichen Gründe für den Erfolg Erdoğans und der AKP in der Türkei aufzeigen sowie erläutern, welche Bedeutung dabei den Auslandsstimmen für die Türkei zukommt. Da ein Großteil der türkeistämmigen Bevölkerung in Deutschland lebt, werde ich aufzeigen, welche Aufmerksamkeit der Debatte um das Verfassungsreferendum in Deutschland zukam und wie die Abstimmung der stimmberechtigten türkeistämmigen Migrant_innen in Deutschland ausfiel. Da sich die Beweggründe der Abstimmenden im Ausland von den Beweggründen der Abstimmenden im Inland unterscheiden, werde ich im darauffolgenden Abschnitt mögliche Gründe der türkeistämmigen Migrant_innen in Deutschland darlegen, die für die Zustimmung zu einer Verfassungsänderung bedeutsam gewesen sein könnten. Dazu werde ich zuerst untersuchen, inwiefern die Befürwortung der Verfassungsänderung auf eine Demokratieablehnung der türkeistämmigen Migrant_innen hindeuten könnte, um daraufhin auf weitere mögliche Gründe einzugehen, die für die Zustimmung in Deutschland ausschlaggebend gewesen sein könnten.

Näher betrachten möchte ich vor allem die Ausgrenzung sowie die fehlende Anerkennung türkeistämmiger Migrant_innen und die daraus resultierende Identifikation mit dem Herkunftsland als einen möglichen Grund für das Abstimmungsverhalten. Da dieser Aspekt für die Beantwortung meiner Frage von zentraler Bedeutung ist, werde ich diesen Gesichtspunkt in den darauffolgenden Kapiteln anhand verschiedener Theorien näher untersuchen. Dabei beziehe ich mich vor allem auf die Theorie der kulturellen und nationalen Identität von Stuart Hall. Dafür werde ich im fünften Teil die Begriffe Ethnizität und Identität beschreiben, die die Grundlage für meine Analyse bilden. Daraufhin werde ich im sechsten Teil die Gruppenzugehörigkeit durch die kulturelle Identität heranziehen und in diesem Zusammenhang die Identitätspolitik ersten Grades von Stuart Hall erklären. Darüber hinaus werde ich deutlich machen, was unter einer nationalen Identität zu verstehen ist und wie durch sie Gemeinschaft konstruiert wird. Im letzten Teil des Abschnittes werde ich beschreiben, wie sich nationale Identitäten und die daraus möglicherweise entstehenden hybriden Identitäten in der Globalisierung entwickeln können. Um meiner Ausgangsfrage näherzukommen, werde ich im siebten Kapitel die Theorie der kulturellen Identität als konstruierte Gemeinschaft auf türkeistämmige Migrant_innen im Zusammenhang mit dem Ausgang des Referendums in Deutschland anwenden. Ich werde die Diskriminierung, Ausgrenzung und fehlende Anerkennung der türkeistämmigen Migrant_innen von Seiten der deutschen Aufnahmegesellschaft als Gründe für den Erfolg Erdoğans und der AKP bei dem Verfassungsreferendum analysieren. Der darauffolgende Abschnitt soll ebenfalls der Beantwortung meiner Fragestellung dienen. Dabei werde ich mit Hilfe der Theorie der nationalen Identität Gründe für den Erfolg Erdoğans und der AKP bei dem Verfassungsreferendum analysieren. Zu Kapitel sieben und acht werde ich die mediale Berichterstattung sowie wissenschaftliche Texte zu dem Thema mithilfe der Theorie der kulturellen sowie nationalen Identität untersuchen. Alles in allem möchte ich damit versuchen, meine Ausgangsfrage abschließend zu beantworten. Im Fazit werde ich meine Ergebnisse zusammenfassen und einen Ausblick für weitere Forschungsfragen und Studien geben.

## 2 Türkeistämmige Migrant_innen – eine Begriffsannäherung

Da es in der Migrationsforschung sowie im alltäglichen Sprachgebrauch verschiedene Begriffe zur Bezeichnung von Menschen mit türkischem Pass gibt, die aber nicht in der Türkei leben und weil einige dieser Begrifflichkeiten mit politisch-gesellschaftlichen Problematiken einhergehen (vgl. Hossain 2016: 20), möchte ich mich zu Beginn meiner Arbeit dem Begriff „türkeistämmige Migrant_innen" annähern. Ich werde meine Begriffsannäherung an Nina Hossain anlehnen, da sie sich von der juristischen (Begriffs-)Perspektive distanziert (vgl. ebd.: 24) und somit für den von mir verwendeten Begriff „türkeistämmige Migrant_innen" eine gute Grundlage bildet.

Migration steht, vor allem aufgrund der im Jahr 2015 aktuell gewordenen Fluchtmigration, im Mittelpunkt vieler politischer Diskussionen und des medialen Diskurses (vgl. ebd.: 20). Problematisch scheinen auch die unterschiedlichen Begriffsbezeichnungen hinsichtlich der Thematik zu sein, „[...] denn im Kern geht es hier immer auch um Abgrenzung bzw. die Herstellung von Differenz und Sichtweisen auf das Thema Migration [...]" (ebd.). Trotz der angesprochenen Problematiken ist es für eine wissenschaftliche Arbeit entscheidend, eine Arbeitsdefinition des Begriffs festzulegen, da systematisches und intersubjektiv nachvollziehbares Arbeiten ansonsten nicht möglich ist. Hierbei gibt es unterschiedliche Begriffe, die von den verschiedenen wissenschaftlichen Perspektiven abhängig sind (vgl. ebd.).

Allgemein beschreibt der Begriff „Migrant_innen" die Menschen, die für einen bestimmten Zeitraum oder für eine unbestimmte Dauer an einen anderen Ort zuwandern (vgl. ebd.: 21). Juristisch gesehen werden Personen, die nicht die Staatsangehörigkeit des Landes besitzen, in dem sie leben, als „Ausländer_innen" bezeichnet (vgl. ebd.: 23). Dieser Begriff ist jedoch negativ konnotiert und konstruiert Distanz, da er Fremdzuschreibungen beinhaltet (vgl. ebd.: 24). Er beschreibt diejenigen, „[...] die fremd aussehen und kulturell als die Anderen empfunden werden [...]" (ebd.). Zwar hat der Begriff „Ausländer_innen" ein juristisches Anrecht, für eine sozialwissenschaftliche Perspektive ist er jedoch nicht ausreichend (vgl. Hossain 2016: 24.). Besonders unter dem Aspekt betrachtet, dass die türkeistämmigen Migrant_innen meist in Deutschland geboren sind (vgl. Uslucan 2011: 22) und „[...] in ihrer subjektiven Selbstdefinition häufig den mehrheitskulturellen Identitätsentwürfen und Lebensgestaltungen näher sind als der Ursprungskultur ihrer Eltern" (Uslucan 2011: 22).

Die Bezeichnung „Menschen mit Migrationshintergrund" hat sich mittlerweile durchgesetzt (vgl. Hossain 2016: 24). Der Begriff „Migrationshintergrund" wird allerdings an die zweite und dritte Generation mitgegeben (vgl. Yildiz 2016: 49), obwohl diese oft selbst keine Migrationserfahrung haben (vgl. ebd.: 9). Das Statistische Bundesamt definiert den Begriff folgendermaßen: „Eine Person hat einen Migrationshintergrund, wenn sie selbst oder mindestens ein Elternteil die deutsche Staatsangehörigkeit nicht durch Geburt besitzt" (Statistisches Bundesamt 2017: 4). Im Hinblick auf die aufgeführten Argumente habe ich mich für die Kurzform „türkeistämmige Migrant_innen" entschieden. Darunter fasse ich auch die kurdischstämmige Bevölkerungsgruppe. Den Begriff „türkeistämmige Migrant_innen" werde ich in Anlehnung an die oben genannte Definition vom Statistischen Bundesamt in meiner Arbeit verwenden.

Im nächsten Schritt meiner Arbeit möchte ich den politischen Kontext, in dem das Verfassungsreferendum in der Türkei stattfand, beschreiben, um somit die Grundlage für das weitere Vorgehen zu bilden.

# 3 Der politische Kontext des Verfassungsreferendums in der Türkei

Die AKP – Partei für Gerechtigkeit und Aufschwung – die sich wertkonservativ und religiös präsentiert (vgl. Ulusoy 2014: 3), ist die seit fünfzehn Jahren regierende Reformpartei in der Türkei. Der Vorsitzende der Partei ist Recep Tayyip Erdoğan (vgl. Ulusoy 2017: 1). Am 10. August 2014 gewann dieser die erste in der Geschichte der Türkei durchgeführte Direktwahl zum Staatspräsidenten (vgl. Sentürk 2014: 1). Damit löste er sein Ministerpräsidentenamt ab, das er über mehrere Jahre führte. Der Wahlsieg erregte auch im Ausland Aufsehen, da im Zuge dessen über das Thema diskutiert wurde, ob sich die Türkei durch Erdoğan in einem politischen Umbruch befinde (vgl. Ulusoy 2014: 1).

Nach dem gescheiterten Putschversuch durch Teile des türkischen Militärs am 15. Juli 2016 rief Erdoğan den Ausnahmezustand aus. Dieser ermöglichte es ihm, die Gülen-Bewegung, die er für den Putschversuch verantwortlich machte, aufzulösen (vgl. Ulusoy 2017: 1). Er ließ Journalist_innen und Oppositionelle verhaften, die er mit dem Putschversuch in Zusammenhang brachte (vgl. ebd.: 1f). So konnte er seine politischen Gegner_innen vorübergehend ausschalten (vgl. ebd.: 2). Der Ausnahmezustand wurde bis auf weiteres verlängert (vgl. ebd.: 4). Erdoğans Vorhaben beinhaltet, die Türkei mit einer Verfassungsreform zu einem präsidentiellen Regierungssystem umzuwandeln. Dies würde ihm mehr Macht überschreiben (vgl. Aver 2013: 3), da er so über die Gewaltenteilung verfügen könnte. Er könnte die Exekutive sowie die Legislative für sich beanspruchen und sich in die Rechtsprechung einschalten (vgl. Ulusoy 2017: 3).

Der erste Schritt zu einer Verfassungsreform war das am 16. April 2017 durchgeführte Verfassungsreferendum.

Nachdem ich den politischen Kontext geschildert habe, in welchem das türkische Verfassungsreferendum abgehalten wurde, werde ich im folgenden Abschnitt das Referendum und dessen Ausgang skizzieren.

# 4 Das Verfassungsreferendum im April 2017

Beim Verfassungsreferendum am 16. April 2017 wurde über eine Verfassungsänderung in der Türkei abgestimmt. Die AKP sowie die MHP (übersetzt: „Partei der Nationalistischen Bewegung") unterstützen das Vorhaben einer Verfassungsänderung (vgl. Ulusoy 2017: 2). Die türkeistämmige Bevölkerung konnte mit Ja („Evet") oder Nein („Hayir") abstimmen. Im April 2017 wurde mit 51,4 Prozent mehrheitlich für eine Verfassungsreform gestimmt, 48,6 Prozent stimmten dagegen. An dem knappen Ergebnis lässt sich erkennen, dass die Türkei politisch sowie gesellschaftlich gespalten ist (vgl. ebd.: 9). Seitens der Opposition gab es nach der Abstimmung Anschuldigungen, dass das Ergebnis beeinflusst worden sei (vgl. Ulusoy 2017: 3). Das Ergebnis wurde jedoch nicht annulliert (vgl. ebd.: 3f).

Welche Gründe waren ausschlaggebend, dass knapp über die Hälfte der türkischen Bevölkerung für eine von der AKP und Erdoğan befürwortete Verfassungsänderung gestimmt hat? Im folgenden Abschnitt werde ich der Frage nach den möglichen Ursachen für den Erfolg Erdoğans und der AKP in der Türkei nachgehen und einige von ihnen skizzieren.

## 4.1 Mögliche Gründe für den Erfolg Erdoğans und der AKP in der Türkei

Es gibt verschiedene Gründe, die den Erfolg Erdoğans und der AKP in der Türkei erklären können (vgl. Ulusoy 2014: 1f). Für einen Teil der türkischen Bevölkerung steht Erdoğan stellvertretend für das wirtschaftliche Wachstum, das in seiner Regierungszeit mit der AKP stattfand. Auch die verbesserten Sozial- und Gesundheitsleistungen kann die AKP für sich verbuchen.

Des Weiteren gab es einen Umbruch in der Stadtentwicklung, der dafür sorgte, dass ein Großteil der Einwohner_innen seither nicht mehr in ländlichen, sondern in städtischen Gebieten wohnt (vgl. ebd.: 2). „Dieses neue, leistungsorientierte, wertkonservative und bürgerliche Milieu wächst sowohl in den Metropolen als auch in den anatolischen Städten, weshalb die AKP gegenüber den älteren, auf die Metropolen orientierten Oppositionsparteien insgesamt einen höheren Organisations-, Mobilisierungs- und Unterstützungsgrad erreicht" (ebd.).

Darüber hinaus gelang es Erdoğan, den politischen Islam für einen Großteil der Bevölkerung wählbar zu machen, indem er ihn in die gesellschaftliche Mitte rückte.

Ein weiterer Grund für den Erfolg der AKP in der Türkei könnte das unkonkrete Parteiprogramm der CHP – Republikanische Volkspartei – sein, die sich vor allem über die Feindschaft gegenüber Erdoğan definiert (vgl. ebd.: 3). Dies scheint ein generelles Problem der Gegner_innen zu sein. Sie setzen sich aus Bürger_innen mit differenten politischen Einstellung zusammen und haben nur gemein, dass sie die Verfassungsänderung sowie die politische Macht Erdoğans ablehnen (vgl. Ulusoy 2017: 5). Für einen Teil der Bevölkerung steht die AKP alles in allem für Sicherheit und Stabilität in der Politik (vgl. Ulusoy 2017: 4). Dies veranlasst einen Großteil der Bürger_innen dazu, der AKP und Erdoğan großes Vertrauen entgegenzubringen.

Ferner trägt die Macht der AKP über die Medien sowie über den Staatsapparat einen Teil zum Bekanntheitsgrad Erdoğans und den Wahlausgängen bei. Von einem ausgeglichenen Wettbewerb kann bei Wahlen also nicht die Rede sein (vgl. Ulusoy 2014: 4). Auch die Abstimmung des Verfassungsreferendums fand aufgrund des Ausnahmezustands und der darüber herrschenden Macht der AKP unter ungleichen Bedingungen statt (vgl. Ulusoy 2017: 4f).

Seit 2012 kann die türkeistämmige Bevölkerung auch aus dem Ausland bei Wahlen oder Abstimmungen in der Türkei teilnehmen (vgl. ZfTI 2015: 1). Von 58,4 Millionen türkeistämmigen Wahlberechtigten leben 2,9 Millionen Wahlberechtigte im Ausland (vgl. Ulusoy 2017: 3). Somit können Auslandsstimmen einen Einfluss auf Wahl- und Abstimmungsergebnisse haben (vgl. ZfTI 2015: 1). Deshalb werde ich im folgenden Abschnitt die Bedeutung der Auslandsstimmen für die Türkei sowie die Wahl- und Abstimmungsergebnisse aus dem Ausland aufzeigen.

## 4.2 Die Bedeutung der Auslandsstimmen für die Türkei

Das Gesetz zu den Auslandswahlen wurde 2012 geändert, sodass seither auch die türkischen Staatsangehörigen, die nicht in der Türkei leben, in Wahllokalen außerhalb der Türkei wählen dürfen (vgl. ZfTI 2015: 1). Zum ersten Mal wurde dies bei der Präsidentschaftswahl im Jahr 2014 genutzt (vgl. Sentürk 2014: 3). Das ist insofern relevant, da 2,9 Millionen der im Ausland lebenden türkeistämmigen Migrant_innen wahlberechtigt sind (vgl. Ulusoy 2017: 3). Das sind fünf Prozent aller Wahlberechtigten. Somit können die im Ausland lebenden türkischen Staatsangehörigen einen folgenreichen Einfluss auf Wahlen und Abstimmungen haben (vgl. ZfTI 2015: 1).

Es gibt bisher nur wenig empirische Arbeiten der vergleichenden Wahl- und Parteienforschung zu exterritorialem Wahlverhalten (vgl. Krumm 2016: 769). Allerdings zeigen Analysen, dass die in Europa lebende türkeistämmige Bevölkerung mit konservativen Parteien sympathisiert (vgl. Sentürk 2014: 2). Darüber hinaus stimmen die im Ausland lebenden Wähler_innen im Durchschnitt eher für Regierungsparteien als für Oppositionsparteien (vgl. Krumm 2016: 754). Bei dem Verfassungsreferendum 2017 stimmten 59,1 Prozent im Ausland für eine Verfassungsänderung (vgl. Ulusoy 2017: 4). Die Abstimmungsbeteiligung lag bei rund 48 Prozent. Letztendlich haben die Auslandsstimmen aufgrund der Beteiligungsrate und der Stimmentscheidungen das Abstimmungsergebnis zu 0,23 Prozent beeinflusst (vgl. ebd. 9).

Welchen Einfluss Auslandsstimmen für die Türkei jedoch im Allgemeinen haben können, erkannten die Parteien nicht erst zu Zeiten des Verfassungsreferendums. Aus diesem Grund wurde bei den Parlamentswahlen 2015 auch im Ausland Wahlkampf betrieben (vgl. ZfTI 2015: 1). Zu diesem Zeitpunkt lebten circa 1,4 Millionen Wahlberechtigte türkeistämmige Migrant_innen in Deutschland (vgl. Krumm 2016: 756), das ist die Hälfte aller im Ausland lebenden Wahlberechtigten (vgl. ZfTI 2015: 1). Bei den Parlamentswahlen im November 2015 lag die Wahlbeteiligung im Ausland bei 44 Prozent, in Deutschland bei knapp 41 Prozent (vgl. Krumm 2016: 756). Im Gegensatz dazu lag die Wahlbeteiligung im Ausland bei der Präsidentschaftswahl 2014 bei acht Prozent (vgl. ZfTI 2015: 2) und bei den Parlamentswahlen 2011 nur bei fünf Prozent (Sentürk 2014: 2). Der große Unterschied bei der Wahlbeteiligung sei hierbei auf die verbesserte Organisation der Wahllokalstandorte zurückzuführen (vgl. ZfTI 2015: 2). Aber auch durch Polarisierung konnten die Parteien bei den Parlamentswahlen im November 2015 mehr Wähler_innen mobilisieren. Vor allem bei der AKP wirkte sich dies positiv auf die Ergebnisse aus. Es wählten deutlich mehr Wähler_innen im Ausland die AKP als im Inland. Besonders in den westeuropäischen Ländern fand die AKP große Zustimmung (vgl. Krumm 2016: 769). Bei den Parlamentswahlen im November 2015 stimmten in Deutschland fast 60 Prozent der türkeistämmigen Wahlberechtigten für die AKP. Nur in den Niederlanden, Belgien sowie Österreich wurde mit einem noch höheren Prozentanteil für die AKP gestimmt (vgl. ebd.: 761). Doch auch zuvor bei den Parlamentswahlen 2014 erhielt die AKP annähernd die Hälfte aller Auslandsstimmen und war somit ein wenig erfolgreicher als im Inland (vgl. ZfTI 2015: 2).

In diesem Abschnitt habe ich aufgezeigt, dass die Auslandsstimmen für die Türkei von Bedeutung sein können. Da der Großteil der türkeistämmigen Migrant_innen in Deutschland lebt (vgl. Krumm 2016: 760), ist die Frage nach deren Abstimmungsverhalten zentral. Im nächsten Abschnitt möchte ich deshalb kurz die Aufmerksamkeit, die dem Verfassungsreferendum in Deutschland zukam, aufzeigen und daraufhin auf das Abstimmungsverhalten der in Deutschland lebenden türkeistämmigen Migrant_innen eingehen.

## 4.3 Das Abstimmungsergebnis in Deutschland

Insgesamt leben fünf Millionen türkeistämmige Migrant_innen im Ausland (vgl. Krumm 2016: 760). Laut Migrationsbericht haben 2,9 Millionen Menschen davon ihren Wohnsitz in Deutschland (vgl. Bundesministerium des Inneren 2016: 161). Das ist der größte Teil der im Ausland lebenden türkeistämmigen Migrant_innen (vgl. Krumm 2016: 760), wahlberechtigt von ihnen sind 1,43 Millionen (vgl. Ulusoy 2017: 4). Aufgrund des hohen Anteils an türkeistämmigen Migrant_innen gewann das Verfassungsreferendum in Deutschland an Aufmerksamkeit. Vor allem die Medien berichteten über das Verfassungsreferendum in der Türkei. Insbesondere durch die in Deutschland geführten Wahlkämpfe der AKP sowie die Nazi-Vergleiche Erdoğans gegenüber Deutschland erregte die Debatte um das Verfassungsreferendum in der Politik sowie in der Bevölkerung große Aufmerksamkeit. Darüber hinaus rückte Erdoğan aufgrund seiner polarisierenden Art in Deutschland in den Fokus (vgl. ebd.: 5).

Einerseits wird von der deutschen sowie einem Teil der türkeistämmigen Bevölkerung in Deutschland die Politik Erdoğans und der AKP als autoritär (vgl. Aver 2013: 1) und sein Führungsstil als überheblich und realitätsfern wahrgenommen (vgl. ebd.: 3). Seine Reden und „[...] seine kämpferische, zuspitzende und kompromisslose Sprache heizen in Deutschland regelmäßig diesbezügliche Diskussionen an" (Sentürk 2014: 3). Andererseits erhält er aus anderen Teilen der türkeistämmigen Bevölkerung in Deutschland rege Zustimmung, was sich letztendlich auch in den Ergebnissen des Referendums abzeichnete. Darüber hinaus trugen die mit Kritik behaftete Berichterstattung sowie die sozialen Netzwerke zur Polarisierung zwischen Gegner_innen und Befürworter_innen bei. Um die Gegenseite umzustimmen, stellten beide Lager Behauptungen auf, die als Wahrheiten fungieren sollten (vgl. Ulusoy 2017: 5f).

Im April 2017 stimmten letztendlich 63,1 Prozent türkeistämmige Migrant_innen in Deutschland für eine Verfassungsänderung. Wichtig für mein weiteres Vorgehen ist, die 63-prozentige Zustimmung genauer zu bestimmen. Von 2,9 Millionen türkeistämmigen Migrant_innen in Deutschland besaßen 1,5 Millionen Menschen nicht die türkische Staatsangehörigkeit oder waren nicht wahlberechtigt (vgl. ebd.: 9). 1,4 Millionen Menschen hätten abstimmen können, teil nahmen allerdings nur 660.666 türkeistämmige Migrant_innen. Somit lag die Abstimmungsbeteiligung bei

46 Prozent. Davon stimmten rund 63 Prozent mit „Ja" und rund 37 Prozent mit „Nein" (vgl. ebd.: 4). Anhand der Zahlen lässt sich erkennen, dass von der gesamten türkeistämmigen Bevölkerung, die in Deutschland lebt und hätte abstimmen dürfen, 29 Prozent mit „Ja" stimmten. Der andere Teil setzte das Kreuz entweder bei „Nein" oder nahm an der Abstimmung nicht teil (vgl. ebd.: 9). Alles in allem stimmten insgesamt 13 Prozent der gesamten türkeistämmigen Bevölkerung in Deutschland für eine Verfassungsänderung.

Ich habe angeschnitten, welche Aufmerksamkeit die Debatte um das Verfassungsreferendum in Deutschland erlangte. Des Weiteren habe ich aufgezeigt, wie hoch die Zustimmung der türkeistämmigen Migrant_innen für die Verfassungsänderung in Deutschland ausfiel. Doch welche Gründe können für die Zustimmung ausschlaggebend sein? Die möglichen Gründe für den Ausgang des Referendums in der Türkei habe ich bereits dargelegt. Allerdings unterscheiden sich die Gründe für das Wahl- und Abstimmungsverhalten bei der im Inland lebenden zu der im Ausland lebenden Bevölkerung (vgl. Krumm 2016: 754). Krumm geht davon aus, dass es für die im Ausland lebende Bevölkerung einerseits schwieriger ist, an Informationen zu gelangen. Darüber hinaus könne ihr Wahl- oder Abstimmungsverhalten von der im Inland lebenden Bevölkerung abweichen, da sie ein politisches Mitbestimmungsrecht hätten, von den Folgen allerdings kaum oder überhaupt nicht tangiert würden. Andererseits könnten die im Ausland lebende Bevölkerung einen anderen Blickwinkel einnehmen und die politische Lage somit aus einer außenstehenden Perspektive betrachten (vgl. Krumm 2016: 754). Deshalb stellt sich die Frage nach den Gründen der türkeistämmigen Migrant_innen in Deutschland, die für die 63-prozentige Zustimmung für eine Verfassungsänderung ausschlaggebend gewesen sein könnten. Die Ablehnung der Demokratie könnte ein naheliegender Grund für das Abstimmungsverhalten sein. Deshalb werde ich im nächsten Schritt der mehrfach in der Bevölkerung und den Medien aufgeworfenen Frage nachgehen (vgl. Ulusoy 2017: 6), inwiefern die Befürwortung der Verfassungsänderung als Zeichen einer Ablehnung der Demokratie türkeistämmigen Migrant_innen zu bewerten ist.

### 4.3.1 Befürwortung der Verfassungsänderung – Ablehnung der Demokratie?

„Der Vorwurf, sie würden eine Diktatur in der Türkei befürworten und hierzulande die demokratischen Freiheiten genießen, ist zwar substantiell verständlich, aber politisch, und insbesondere integrationspolitisch, kontraproduktiv" (Ulusoy 2017: 6). Studien zum Wahlverhalten bei Wahlen in Deutschland zeigen, dass türkeistämmige Migrant_innen eher Arbeiterparteien wie die SPD wählen oder zu Parteien aus dem Mitte-Links Spektrum tendieren (vgl. Krumm 2016: 758). Dies könnte darauf hinweisen, dass die Stimmen für die AKP nicht oder nicht nur auf konservative Einstellungen zurückzuführen sind. Allerdings dürfen hierbei keine vorschnellen Schlüsse gezogen werden, da es türkeistämmigen Migrant_innen nur mit der deutschen Staatsangehörigkeit erlaubt ist, bei den Parlamentswahlen in Deutschland teilzunehmen. Mit der Annahme der deutschen Staatsangehörigkeit geben sie normalerweise die türkische Staatsangehörigkeit ab und dürfen in der Türkei nicht weiter wählen und abstimmen. Nur ein geringer Teil besitzt die doppelte Staatsangehörigkeit und darf bei den Wahlen in Deutschland und in der Türkei teilnehmen. Daraus ergibt sich, dass ein Großteil derjenigen, die in Deutschland eher zur SPD oder Mitte-Links Parteien tendieren, nicht unbedingt der Teil ist, der in der Türkei die AKP wählt (vgl. ebd.: 770). „Die Entscheidung für einen deutschen Pass und die damit in der Regel verbundene Aufgabe der türkischen Staatsbürgerschaft kann somit auch als eine politische Richtungsentscheidung interpretiert werden, bei der sich konservative Migranten eher gegen eine Aufnahme der deutschen (beziehungsweise Abgabe der türkischen) Staatsbürgerschaft entscheiden und 'progressive', 'linke'' Migranten diesen Wechsel eher vollziehen" (Krumm 2016: 770). Andererseits führt der Migrationsforscher Uslucan auf, dass es auch an bestimmten Themen liegen könnte, die die Parteien aufgreifen. In Deutschland ist das Minderheitenrecht für die türkeistämmigen Migrant_innen von Bedeutung, was nicht gleichzeitig bedeutet, dass damit in allen anderen Punkten eine sozialdemokratische Sichtweise einhergeht (vgl. Tagesspiegel 2017b). Des Weiteren beschreibt Uslucan in einem Interview mit der Tageszeitung „Neues Deutschland", dass für die türkeistämmige Bevölkerung bei den deutschen Wahlen die Integrationspolitik im Vordergrund stehe. „Bei der Türkeiwahl wählten sie hingegen 'wertetreu'" (vgl. Neues Deutschland 2017). Darüber hinaus führt der Migrationsforscher Serhat Karakayali auf, dass die Zustimmung für Erdoğan für viele der türkeistämmigen Migrant_innen nicht bedeuten würde, antidemokratisch zu sein, lediglich sei das Demokratieverständnis ein anderes (vgl. Spiegel Online 2017b). Somit ist das Votum nicht als Ablehnung der Demokratie zu verstehen (vgl. Ulusoy 2017: 9).

Ich habe dargelegt, dass der Ausgang des Referendums nicht zwangsläufig auf eine Ablehnung der Demokratie hindeutet. Somit habe ich meine Frage nach den möglichen Gründen für den Erfolg Erdoğans und der AKP bei der türkeistämmigen Bevölkerung in Deutschland noch nicht beantworten können. Aufgrund dessen werde ich im Folgenden weitere Erklärungsansätze darlegen, die für den Erfolg bei dem Verfassungsreferendum verantwortlich gewesen sein könnten.

### 4.3.2 Mögliche Gründe für den Erfolg Erdoğans und der AKP in Deutschland

Ein Großteil der türkeistämmigen Migrant_innen kam 1961 und in den darauffolgenden Jahren (vgl. Uslucan 2011: 17) aus ländlichen Gebieten nach Deutschland, um zu arbeiten. Ein Teil von ihnen war nicht ausgebildet und vertrat eher konservativ-religiöse Einstellungen. Einige von ihnen gingen aufgrund der Arbeitsbedingungen nach Nordrhein-Westfalen. Dies könnte einer der Gründe sein, dass in Nordrhein-Westfalen eine große Sympathie gegenüber der AKP herrscht. Vor allem in der Stadt Essen stimmten 76 Prozent für die Verfassungsänderung (vgl. Ulusoy 2017: 6). Allerdings ist zu beachten, dass die Wahlbezirke zu den einzelnen Bundesländern nicht deckungsgleich sind (vgl. Krumm 2016: 765). Dies würde wiederum die oben genannte These des migrationsspezifischen Einflusses relativieren.

In Berlin deuten andere Umstände darauf hin, dass das Verfassungsreferendum die niedrigste Zustimmung der deutschen Großstädte erlangte (vgl. Ulusoy 2017: 6f). Aufgrund des Standorts konnte das Nein-Lager in der Hauptstadt durch die Opposition besser organisiert werden. Zu bemerken ist, dass ein Großteil der ausgebildeten türkeistämmigen Migrant_innen ihr Bundesland wechselte und nach der Wiedervereinigung nach Berlin zog.

Ein weiterer Einflussfaktor könnte die Mobilität in sowie die Organisation rund um das Verfassungsreferendum in Deutschland gewesen sein. Die Abstimmenden kamen allgemein leichter zu den Wahllokalen und waren somit gewillter, zur Abstimmung zu gehen. Das konservative Lager rund um die AKP weist eine höhere Struktur innerhalb der deutschen Großstädte auf. Über die Moscheen haben sie einen guten Zugang zu der konservativen Bevölkerung. Dies ist bei dem Nein-Lager um die CHP nicht der Fall. Sie sind schlechter organisiert und haben zudem den Nachteil, dass es keine identitätsstärkende Gemeinschaft gibt, die sie mobilisieren und mitreißen.

Die HDP verlor aufgrund der Terroranschläge der PKK in Teilen der kurdischen Bevölkerung der türkeistämmigen Migrant_innen an Sympathie. Das brachte der AKP den Vorteil, dass sie dadurch auch Anhänger_innen der kurdischstämmigen Migrant_innen für das Verfassungsreferendum gewinnen konnte.

Auch die weit verbreitete Angst vor einem Einbruch der Wirtschaft und vor einem Stabilitätsverlust haben Auswirkungen auf das Abstimmungsverhalten. Dies betrifft die türkeistämmigen Migrant_innen zwar nur indirekt, teilweise haben sie allerdings Verwandtschaft oder Bekannte im Ausland (vgl. ebd.: 7). „Den Befürwortern der Verfassungsänderung geht es nach eigenem Bekunden nicht um die Unterstützung eines Diktators, sondern um die Etablierung eines starken Führers, der ihnen auf den politischen Handlungsfeldern Wirtschaft, soziale Gerechtigkeit und innere Sicherheit Besserung verspricht [...]" (Ulusoy 2017: 7f).

Des Weiteren könnte die emotionale einbindende Sprache Erdoğans ein weiterer Grund für die Abstimmung sein. Das Thema der fehlenden Integration dreht sich in der politischen Debatte in Deutschland meist um die Seite der türkeistämmigen Bevölkerung (vgl. ebd.: 8) und ein Bild von nicht integrationswilligen Migrant_innen wird vermittelt (vgl. Hilk 2016: 10). Dabei wird ihre oftmals empfundene Ausgrenzung durch die Mehrheitsgesellschaft außer Acht gelassen. Diese greift Erdoğan auf und gibt den türkeistämmigen Migrant_innen ein Zugehörigkeitsgefühl an einer türkischen Nation (vgl. Ulusoy 2017: 8). Darüber hinaus vermittelt er „[...] ihnen zugleich Stolz, Selbstachtung und Würde, die im Migrationsprozess durch den niedrigeren sozialen Status im Vergleich zur Mehrheitsgesellschaft lädiert sein können. Damit bedient er erfolgreich ein zutiefst menschliches Bedürfnis nach Anerkennung" (ebd.).

Die Abwertung Erdoğans Person in der Öffentlichkeit könnte ebenfalls ein Grund für die Zustimmung einer Verfassungsänderung gewesen sein. Bei der konservativen türkeistämmigen Bevölkerung führte das zu einer Abwehrhaltung und hatte wahrscheinlich einen Anteil an dem Abstimmungsergebnis (vgl. ebd.). Erdoğan ist für die Befürworter zu einem Sinnbild der Türkei geworden (vgl. ebd.: 6). „Sie sanktionieren jede Kritik als Verrat an der Türkei" (ebd.). Dies ist ein Vorteil für den Populismus der türkischen Regierung (vgl. ebd.). Aber auch für die türkeistämmigen Migrant_innen, die keine Sympathie für Erdoğans Person empfanden, hatte dies Konsequenzen. Sie nahmen das Schlechtmachen Erdoğans in der Öffentlichkeit als Angriff auf die Türkei auf und somit auch als Angriff auf ihre türkische Identität. Die Debatte führte in manchen Teilen der türkeistämmigen Bevölkerung also zu einer Trotzreaktion, die sich in dem Abstimmungsergebnis niederschlug (vgl. ebd.: 8).

Ich habe einige Gründe skizziert, die für den Ausgang des Verfassungsreferendums der türkeistämmigen Migrant_innen in Deutschland verantwortlich gewesen sein könnten. Vor allem die zuletzt genannten Gründe der Ausgrenzung von türkeistämmigen Migrant_innen sowie die damit verbundene Identifikation mit dem Herkunftsland sind für meine Arbeit von zentraler Bedeutung. Auf die zuletzt genannten möglichen Gründe möchte ich in meinem Anwendungsbereich in Kapitel 7 und

8 näher eingehen. Dafür werde ich zu Beginn im Folgenden die Theorie der Ethnizität sowie Identität näher beschreiben.

# 5 Ethnizität und Identität

Das nächste Kapitel setzt sich mit den Begriffen Ethnizität und Identität auseinander. Die Begriffe sind Voraussetzung für das weitere Vorgehen meiner Arbeit. Zu Beginn möchte ich versuchen, den Begriff Ethnizität allgemein darzulegen und inwiefern er als Unterscheidungsmerkmal fungiert. Darüber hinaus werde ich erklären, was unter der Identität als Prozess verstanden werden kann. Dies ist für meine Arbeit von Relevanz, da die Begriffe die Grundlage der darauffolgenden Theorie bilden.

## 5.1 Ethnizität als Unterscheidungsmerkmal

In den Sozialwissenschaften erhielt der Begriff Ethnizität erst seit den 80er Jahren größere Zuwendung und hat vor allem in den letzten Jahren an Bedeutung gewonnen (vgl. Wicker 1998: 25). Mittlerweile gibt es viele verschiedene Theorien über ihn und er ist Bestandteil wissenschaftlicher Diskussionen und Diskurse. Die Theorien sind sich jedoch in dem Punkt einig, dass er ein wichtiger Faktor im Zusammenhang der Identitätsbildung ist (vgl. Groenemeyer 2003: 12).

Ehemals wurde der Begriff Ethnizität als Methode genutzt, um Rassismus in der Lebenswelt zu verschleiern (vgl. Hall 1994: 22). Der Begriff steht also auf der einen Seite in einem engen Zusammenhang mit dem Begriff der „Rasse" (vgl. ebd.: 23). Deshalb ist er noch immer umstritten und wird von Theoretikern diskutiert (vgl. ebd.: 22). Auf der anderen Seite bedeutet Ethnizität auch, dass jedes Individuum seiner eigenen bestimmten Lebenswelt entspringt und sich aufgrund kultureller und historischer Erfahrungen unterschiedlich verortet. Aus diesem Standpunkt heraus hat jedes Individuum eine ethnische Identität, die eine subjektive Aussage über das eigene Ich trifft (vgl. Hall 1994: 23). Die Individuen sind aufgrund gemeinsamer kultureller Merkmale miteinander verbunden (vgl. ebd.: 207). Ethnizität beschreibt somit ein fiktives Konzept, mit dem sich eine Gruppe auf bestimmte angenommene Gemeinsamkeiten beruft. Diese können historisch, kulturell und politisch konstruiert sein (vgl. ebd.: 21). „Dieser Begriff erkennt den Stellenwert von Geschichte, Sprache und Kultur für die Konstruktion von Subjektivität und Identität an, sowie die Tatsache, daß [sic] jeder Diskurs platziert, positioniert und situativ ist und jedes Wissen in einem Kontext steht" (ebd.: 21f). Der Begriff hat die Aufgabe, die Unterschiede der verschiedenen Kulturen in ihren Handlungen zu erklären (vgl. Groenemeyer 2003: 14). Eine ethnische Gruppe ist eine Einheit von Individuen, die sich aufgrund verschiedener Aspekte wie zum Beispiel der Herkunft, Kultur, Geschichte oder Religion als solche definiert oder von anderen definiert wird (vgl. ebd.: 15). Meist ist damit eine Minderheit in einer Gesellschaft gemeint (vgl. ebd.: 17).

Ethnizität beschreibt ein prozesshaftes Konstrukt. Es grenzt einzelnen Gruppen mithilfe von ethnischen Merkmalen von anderen Gruppen ab (vgl. Giordano 1998: 212). „Dabei bedingen sich Selbst- und Fremdethnisierung wechselseitig, indem sich ethnische Gruppen über ihre eigenen kulturellen und historischen Eigenheiten in Abgrenzung zu anderen definieren" (Weber 2010: 310, zitiert nach Hilk 2016: 71). Sie wird von den Akteuren konstruiert, um einer kollektiven Gemeinschaft anzugehören oder von anderen dieser zugeordnet zu werden (vgl. Giordano 1998: 213). Hierbei ist von Bedeutung, ob sich das Individuum selbst einer ethnischen Minderheit zuschreibt oder dies durch Fremdzuschreibung geschieht. Das hat einen Einfluss auf die eigene Identität (vgl. Groenemeyer 2003: 16). „Einerseits führen ethnisch-kulturelle Argumentationen zu Prozessen der Stigmatisierung und Ausgrenzung. Migrantinnen und Migranten wird hier ein gesellschaftlicher Ort zugewiesen, der durch Marginalisierung geprägt ist. Andererseits stellt Ethnizität für Migrantinnen und Migranten auch eine wichtige Ressource dar, da hierüber Zugehörigkeiten definiert und solidarische Beziehungen unterstützt werden können" (Geisen 2009: 248, zitiert nach Hilk 2016: 71). Die Wiederentdeckung der eigenen Ethnizität ist für marginale Bewegungen ein wichtiger Punkt, um sich entwickeln und auf sich aufmerksam machen zu können (vgl. Hall 1994: 62). Somit spielt Ethnizität für Migrant_innen eine wichtige Rolle, um sich gegen die Unterdrückung der Mehrheitsgesellschaft zu wehren (vgl. Softić 2009: 62).

Ich habe beschrieben, dass unter dem Begriff der Ethnizität ein Konstrukt zur Unterscheidung ethnischer Gruppen verstanden werden kann. Im Folgenden werde ich den Begriff der Identität beschreiben. Der Begriff Identität ist im Zusammenhang mit Migrant_innen von großer Bedeutung (vgl. Hill 1990: 25). Ähnlich wie bei dem Begriff der Ethnizität gibt es ebenfalls verschiedene Deutungsversuche und zahlreiche Diskussionen über ihn (vgl. ebd.: 25f). Ich werde die Begriffsdefinition von Heiner Keupp vorstellen, da sie den Begriff in einen gesellschaftlichen Zusammenhang setzt. Die Begriffsdefinition werde ich mit weiteren Theoretikern komplementieren.

### Identität als Prozess

Der Sozialpsychologe Heiner Keupp definiert den Begriff wie folgt: „Identität ist nicht etwas, das man von Geburt an hat, was die Gene oder der soziale Status vorschreiben, sondern wird vom Subjekt in einem lebenslangen Prozeß [sic] entwickelt. Identität verstehen wir als einen fortschreitenden Prozeß [sic] eigener Lebensgestaltung, der sich zudem in jeder alltäglichen Handlung (neu) konstruiert [...]. Subjekte arbeiten (indem sie handeln) permanent an ihrer Identität. Und Identität ist stets eine Passungsarbeit. In ihrer Selbstkonstruktion nehmen die Subjekte Bezug auf soziale, lebensweltlich spezifizierte Anforderungen und auf eigene, individuelle Selbstverwirklichungsentwürfe. Passung bedeutet nie (nur) Anpassung an außen oder innen, sondern ist stets ein subjektiver Aushandlungsakt zwischen oftmals (inhaltlich wie zeitlich) divergierenden Anforderungen" (Keupp 2008: 215f).

Auch Stuart Hall und Hartmut Esser führen auf, dass Identität ein nie endender Prozess ist (vgl. Hall 1994: 27; Esser 2001: 357), der unvollkommen bleibt (vgl. Hall 1994: 195). Sie ist nicht das Produkt einer selbstständigen, unabhängigen Entscheidung des Individuums (vgl. Esser 2001: 356). Für die eigene Identität wird die Identität des Anderen benötigt, da das Ich nur in Abgrenzung zu einem anderen Ich bestehen kann. Die eigene Identität ist in der Sicht des Anderen manifestiert (vgl. Hall 1994: 73). „Die Vorstellung, Identität habe etwas mit Menschen zu tun, die alle gleich aussehen, auf dieselbe Weise fühlen und sich selbst als Gleiche wahrnehmen, ist Unsinn. Identität [...] wird immer von der Position des Anderen aus erzählt" (ebd.: 74). Wie in der Definition beschrieben, ist das soziologische Subjekt ebenfalls abhängig von den kulturellen Außenwelten und muss sich anpassen, denn die Identität wird im Zusammenspiel des Ichs und der Gesellschaft geformt (vgl. ebd.: 182). Somit ist das Handeln in einen Zusammenhang eingebettet (vgl. ebd.: 26). Das Individuum hat keine feste Identität, sondern ist eine Kombination aus verschiedenen Identitäten (vgl. ebd.: 182). Sie können abwechslungsreich und gegensätzlich sein. Da Identität ein lebenslanger Prozess ist, ist Stuart Hall der Meinung, dass von Identifikation die Rede sein muss (vgl. ebd.: 196). Je nach Situation und Zeit wandelt und verändert sich die Identifikation (vgl. ebd.: 183). Deshalb ist der Prozess der Identifikation prekär und unbeständig (vgl. ebd.: 182). In einer globalisierten und sich veränderten Welt hat die Identität die Funktion, den Individuen Sicherheit zu geben und ein Bezugspunkt zu sein (vgl. ebd.: 51).

Ich habe den Begriff der Identität skizziert und aufgezeigt, dass die Identität ein Prozess ist, die sich anhand von anderer Identitäten bildet. Anknüpfend an die Ausführungen zur Identität werde ich im Folgenden die kulturelle Identität beschreiben. Dazu greife ich unter anderem aus dem Werk „Rassismus und kulturelle Identität" (Hall 1994) von Stuart Hall die Untersuchungen zum Thema der kulturellen

Identität auf. Darüber hinaus werde ich aufzeigen, inwiefern über die kulturelle Identität eine Gruppenzugehörigkeit gebildet werden kann.

# 6 Gruppenzugehörigkeit durch kulturelle Identität

Identität ist eng mit kultureller Einbindung verknüpft, die verschwimmende Grenzen hat. Die kulturelle Orientierung definiert sich in der heutigen Zeit meist über kulturelle Identitäten (vgl. Keupp 2008: 171). Mit der zuvor beschriebenen Entwicklung der Identifikation wird die kulturelle Identität geformt (vgl. Hall 1994: 182). „[Die] kulturelle Identität [ist] ebenso eine Frage des 'Werdens' wie des 'Seins'" (Hall 1994: 29). Sie ist veränderbar (vgl. ebd.: 30) und besteht nicht bloß. Es genügt nicht, in der Geschichte nach ihr zu suchen, denn kulturelle Identität ist nichts, was sich wiederfinden lässt. Sie setzt nicht an einem Punkt der Vergangenheit an (vgl. ebd.: 29) und das Individuum kann nicht zu dessen Ursprung zurückkehren (vgl. ebd.: 36). Kulturelle Identität unterliegt dem Zusammenspiel mit der Geschichte, der Kultur sowie der Macht (vgl. ebd.: 29). Dadurch wird sie immer wieder neu konstruiert. Die Konstruktion der kulturellen Identität ist nicht fiktiv. Sie ist die unbeständige Verbindungsstelle, die anhand der Kultur und Geschichte geformt wird (vgl. ebd.: 30). So sind „[...] Identitäten die Namen, die wir den unterschiedlichen Verhältnissen geben, durch die wir positioniert sind, und durch die wir uns selbst anhand von Erzählungen über die Vergangenheit positionieren" (ebd.: 29). Dies nennt Hall die Identitätspolitik (vgl. ebd.: 30).

Einerseits wird unter der kulturellen Identität eine gemeinsam geteilte Kultur verstanden, die Individuen miteinander verbindet (vgl. ebd.: 27). Sie verbindet das Individuum mit anderen Individuen, gleichzeitig ist sie auch das, was das Individuum von anderen Individuen unterscheidet (vgl. Keupp 2008: 172). Diese gemeinsame Kultur verbirgt sich hinter unechten Ichs und möchte gefunden werden (vgl. Hall 1994: 27). Individuen können und müssen auf die Kultur zurückgreifen, um ihrem Handeln Sinn zu geben und somit Verständnis entgegen gebracht zu bekommen (vgl. Esser 2001: 2). Das Gedächtnis der Individuen ist der Platz, an dem die Kultur verortet ist (vgl. ebd.: 5). Erlebtes wird in einen fiktiven Zusammenhang gesetzt, daraus entsteht eine gemeinsame kulturelle Identität (vgl. Hall 1994: 27). Sie definiert sich über die Gruppenzugehörigkeit und beruft sich auf eine gemeinsame Herkunft, ohne die individuellen Lebenswege und Erlebnisse aufzuzeigen.

Andererseits gibt es neben den Gemeinsamkeiten auch die Differenzen, die die Individuen voneinander unterscheiden (vgl. ebd.: 29). Je nachdem, aus welcher Perspektive Individuen betrachtet werden, können sich die Grenzen verschieben oder neu gezogen werden und je nach Situation werden andere Unterschiede hervorgehoben. Minderheiten sind sich ihrer Differenzen bewusst. Sie sind, neben den Gemeinsamkeiten, ebenfalls präsent und in ihrer kulturellen Identität verankert (vgl. ebd.: 32).

Das Thema der kulturellen Identität ist seit einiger Zeit von großer Relevanz und hat den Identitätsdiskurs auf eine andere Ebene verschoben. Im Vordergrund stehen benachteiligte Gruppen (vgl. Keupp 2008: 171). Stuart Hall beschreibt in seinem Werk „Rassismus und kulturelle Identität" (Hall 1994) die innehabende Macht der Mehrheitsgesellschaft, die der Minorität das Gefühl vermittelt, anders zu sein und nicht dazuzugehören (vgl. Hall 1994: 30). Der marginalisierten Gruppe ist ihr Dasein bewusst und sie kennen ihren Status als Bürger_innen zweiter Klasse (vgl. ebd.: 85). Als Beispiel führt er den entwickelten Westen an, der Minderheiten als „die Anderen" wahrnimmt und sie als etwas Rückständiges und Einheitliches deklariert (vgl. ebd.: 32). Daraus entsteht der Druck, sich an die Mehrheitsgesellschaft anpassen zu müssen. Dies nimmt dem Individuum eigene Handlungsräume und schränkt es ein (vgl. ebd.: 30).

Ich habe Mechanismen aufgezeigt, die dazu führen können, dass minoritäre Identitäten eine Gruppenzugehörigkeit über die kulturelle Identität bilden können. Um der Unterdrückung und gezwungenen Anpassung entgegenzuwirken, entwickeln Individuen die „Identitätspolitik ersten Grades" anhand der Theorie von Stuart Hall, die ich im folgenden Abschnitt beschreiben werde.

## 6.1 Identitätspolitik ersten Grades nach Stuart Hall

Wenn dem Individuum aufgrund von Ausgrenzungsmechanismen die Identifikation mit der Mehrheitsgesellschaft verwehrt bleibt, sucht es sich einen neuen Bezugspunkt. Dieser Bezugspunkt, den jedes Individuum benötigt, kann in einer kollektiven Identität gefunden werden. Rassismus und Ausgrenzung kann also zur Herausbildung einer kollektiven Identität führen (vgl. Hall 1994: 78). Aufgrund diskriminierender Fremdzuschreibungen (vgl. Keupp 2008: 171) und von außen konstruierten Gemeinsamkeiten begründet sich die Zugehörigkeit an einer kollektiven Identität (vgl. Hall 1994: 37). Die kollektive Identität beruht auf einer abhanden gekommenen Geschichte, die es wiederzuentdecken gilt. Stuart Hall beschreibt diese Wiederentdeckung als politische Neu-Identifikation, die die Voraussetzung einer Gegenpolitik bildet (vgl. ebd.: 78). Die Minderheitengruppe nimmt ihre von außen negativ besetzte kulturelle Identität auf und versucht dies als Ansatzpunkt einer positiven Identifikation zu manifestieren. Einerseits soll dies der erlebten

Diskriminierung entgegenwirken, aber andererseits auch die bisher von der Mehrheitsgesellschaft als negativ dargestellten Merkmale überschreiben und positiv besetzen (vgl. Keupp 2008: 171). Dieses Kollektiv möchte sich damit gegenüber der Mehrheitsgesellschaft zur Wehr setzten. Die Reaktion auf rassistisches Verhalten einer Gesellschaft nennt Stuart Hall die „Identitätspolitik ersten Grades". Ohne eine Identitätspolitik ersten Grades kann es, laut Hall, zu keiner Mobilisierung ethnischer Minderheiten kommen (vgl. Hall 1994: 78).

Ich habe mit der Theorie von Stuart Hall aufgezeigt, wie Minderheiten, anhand der Identitätspolitik ersten Grades, der Unterdrückung der Mehrheitsgesellschaft entgegenwirken. Im fortführenden Abschnitt werde ich aufzeigen, welche spezielle Form die Herausbildung einer gemeinsamen kulturellen Identität annehmen kann und wie sich diese als Gemeinschaft konstruiert.

## 6.2 Nationale Identität – eine konstruierte Gemeinschaft

Stuart Hall nennt die spezifische Form der kulturellen Identität die nationale Identität. Auf der nationalen Identität gründet sich die kulturelle Identität. Sie ist das, womit sich das Individuum automatisch verortet. Die nationale Identität erscheint dem Individuum als natürliche Anhabe (vgl. Hall 1994: 199). Ernest Gellner nahm an: „Ein Mensch braucht eine Nationalität, so wie er eine Nase und zwei Ohren haben muß [sic] [...]. Der Tatbestand, eine Nation(alität) zu besitzen, ist kein inhärentes Attribut der Menschlichkeit, aber er hat diesen Anschein erworben" (Gellner 1991: 15f).

Eine gemeinsame nationale Kultur ist, laut Gellner, für das Individuum ein wichtiger Bestandteil der Existenz (vgl. ebd.: 61). Die nationale Kultur ist der Ursprung einer Zugehörigkeit zu einer kollektiven Identität. Nationalkulturen erfinden ein „Wir", das sich einem „die Anderen" entgegenstellt (vgl. Eickelpasch 2004: 68). Erst in dem Moment, in dem sich eine Nation einer anderen gegenüberstellt, entsteht eine nationale Identität. Das bedeutet, dass sie sich erst durch die Abgrenzung zu Anderen herausbildet. Dadurch gehört das Individuum einer vorgestellten Nation an und wirkt somit an der Repräsentation der nationalen Identität mit. Es unterliegt dem Einfluss der nationalen Kultur und identifiziert sich mit ihr, da die Nationalkultur ein Gemeinschaftsgefühl hervorruft (vgl. Hall 1994: 200). Die nationale Kultur wirkt sich auf die Selbstwahrnehmung aus und bestimmt das Verhalten der Individuen (vgl. ebd.: 201). „Nationale Kulturen konstruieren Identitäten, indem sie Bedeutungen der ‚Nation' herstellen, mit denen wir uns identifizieren können; sie sind in den Geschichten enthalten, die über die Nation erzählt werden, in den

Erinnerungen, die ihre Gegenwart mit ihrer Vergangenheit verbinden und in den Vorstellungen, die über sie konstruiert werden" (ebd.).

Ist Gruppenhomogenität die Voraussetzung für eine Nationalkultur? Laut Hall hängt die nationale Kultur nicht von der Homogenität der ihr angehörenden Individuen ab (vgl. ebd.: 205). Hall stellt heraus, dass die nationale Kultur ein Konstrukt ist, das unterschiedliche Gruppenangehörige unter einer gemeinsamen Identität verbinden. Die Gruppenangehörigen identifizieren sich mit der gemeinsamen Identität als nationale Kultur, unabhängig von sozialen Kategorien (vgl. ebd.: 206). Unter dem Deckmantel einer kulturellen Identität werden Individuen zusammengefasst und für die nationale Kultur homogenisiert, damit sie als Einheit fungieren können. Unterschiede innerhalb der Gruppe können jedoch nicht verleugnet werden (vgl. ebd.: 205), aber sie werden als eine Einheit gedacht und treten als solche auf (vgl. ebd.: 206). Die unterschiedlichen Identitäten werden auf eine vermeintlich naturgegebene gemeinsame Kultur reduziert (vgl. ebd.: 207). Dabei spielen kulturelle Machtstrukturen eine Rolle, da sie daran beteiligt sind, dass sich unterschiedliche Identitäten homogenisieren und unter einer Nation zusammenfassen (vgl. ebd.: 206). Homogene Nationen existieren nicht, sie sind gemischt (vgl. ebd.: 207). Obwohl Nationalidentitäten nicht einheitlich sind, gelingt es ihnen, ihre Unterschiede in einer Nationalkultur zu vereinheitlichen (vgl. ebd.: 208). Somit konstruiert eine nationale Kultur eine homogene Gruppe (vgl. ebd.: 200).

Aber wie stellt sich eine Nationalkultur in den Vorstellungen der Subjekte her? Hall stellt fünf Gesichtspunkt vor, wie sich eine nationale Kultur in den Individuen konstruiert. Die erste Strategie ist das Herstellen einer gemeinsamen Geschichte sowie gemeinsame Erfahrungen, die eine Nation zusammenrücken lässt. Es verleiht dem Individuum Sinnhaftigkeit im Dasein, wenn es an solchen Geschichten mitwirken kann. Darüber hinaus vermittelt das Zugehörigkeitsempfinden an solch einer konstruierten Nation ein Gefühl von Rückhalt. Der zweite Aspekt ist die Vorstellung, eine nationale Identität sei naturgegeben. Dahinter verbirgt sich auch die Annahme, dass sie aus der Vergangenheit entspringe und in der Zukunft weiter bestehen bleibe (vgl. Hall 1994: 202). Der dritte Punkt zur Herstellung einer nationalen Identität ist die Konstruktion traditioneller Werte und Normen (vgl. ebd.: 203). „[...] 'Erfundene Traditionen' [meinen] einen Zusammenhang von Praktiken [...] ritueller oder symbolischer Natur, mit denen sichere Werte und Verhaltensnormen eingeprägt werden sollen, was automatisch eine Kontinuität mit einer passenden historischen Vergangenheit bedeutet [...]" (Hobsbawm/ Ranger 1983: 1, zitiert nach Hall 1994: 203). Traditionen werden also konstruiert, um einen Zusammenhalt zu schaffen, der in diesen angeblichen Traditionen begründet liegt. Bei der vierten Strategie wird der Nation ein Ausgangspunkt gegeben, der so lange zurückliegt, dass er für das Individuum nicht mehr greifbar ist. Hall nennt diesen vierten Aspekt den „Gründungsmythos". Der letzte Punkt beinhaltet die Annahme einer in der Vergangenheit bestehende vollkommene Gesellschaft (vgl. Hall 1994: 203). „Manchmal möchten nationale Kulturen die Uhr zurückdrehen, [...] um sich defensiv auf die 'verlorene Zeit' zurückzuziehen, als die Nation 'groß' war, und um die alten Identitäten wiederherzustellen" (ebd.: 204).

Ich habe aufgezeigt, was unter einer nationalen Identität verstanden werden kann. Sie für die Herausbildung einer kulturellen Gemeinschaftsidentität von Bedeutung sein. Des Weiteren habe ich gezeigt, wie sie sich, trotz Vielfältigkeit der Individuen, in der Vorstellung konstruiert. Im Folgenden werde ich aufzeigen, wie mit nationalen kulturellen Identitäten in globalisierten Zeiten umgegangen wird.

## 6.3 Nationale Identität und Hybridbildung in globalisierten Zeiten

In Zeiten der Globalisierung lösen sich Nationalidentitäten zum Teil langsam auf. Die Globalisierung definiert Zeit und Raum neu. Das bedeutet zum Beispiel, dass Entfernungen schneller und leichter überwunden werden können. Das führt dazu, dass sich Gesellschaften untereinander vermischen (vgl. Hall 1994: 208). Die Globalisierung schafft Individuen diverse Möglichkeiten, verschiedene Identitäten zu entwickeln und arbeitet gegen geschlossene homogenisierte Nationalkulturen.

Es gibt verschiedene Wege, wie Individuen mit der Globalisierung umgehen (vgl. ebd.: 217). Hall führt in dem Zusammenhang das Beispiel der Migration an. Er beschreibt, dass Minderheiten durch Migration in den Westen kamen und sich dadurch eine Vielfältigkeit der kulturellen Identität entwickelte (vgl. ebd.: 215). Als Widerstand gegen das Verbreiten vermeintlich anderer Kulturen wollten die Individuen der Mehrheitsgesellschaft ihre nationale Identität wieder großmachen. Eine Reaktion der Minoritäten auf Rassismus und Abgrenzung kann die Identifikation der Kultur aus dem Herkunftsland sein, auf die sich das Individuum rückbesinnt. Des Weiteren kann die Herausbildung eigener Identitäten seitens der Minderheitengruppe zur Abwehr genutzt werden (vgl. ebd.: 216) oder das „[...] Wiederaufleben eines kulturellen Traditionalismus, religiöser Orthodoxie und eines politischen Separatismus in einigen Teilen der Gemeinschaft der Muslime" (ebd.).

Daran lässt sich erkennen, dass es einerseits Individuen gibt, die Nationalkulturen wieder aufleben lassen und zu ihrem Ursprung zurückkehren wollen. Sie möchten ihre nationalen Identitäten stärken, um Sicherheit zu erlangen und um sich gegen die Mehrheitsgesellschaft sowie gegen die Globalisierung zu wehren. Doch die Globalisierung kann auch andere Wirkungen auf die nationalen Identitäten mit sich bringen. Denn es gibt in Zeiten der Globalisierung andererseits auch die Individuen, die die Differenz und Uneinheitlichkeit anerkennen und sich an eine neue Identität angleichen. (vgl. ebd.: 217). Die dritte Möglichkeit wäre, dass nationale Identitäten von anderen Identitäten, den hybriden Identitäten, abgelöst werden (vgl. ebd.: 209).

Was kann unter einer hybriden Identität in Zeiten der Globalisierung verstanden werden? „Überall entstehen kulturelle Identitäten, die nicht fixiert sind, sondern im Übergang zwischen verschiedenen Positionen schweben, die zur gleichen Zeit auf verschiedene kulturelle Traditionen zurückgreifen und die das Resultat komplizierter Kreuzungen und kultureller Verbindungen sind, die in wachsendem Maße in einer globalisierten Welt üblich werden" (Hall 1994: 218). In der globalisierten Welt sind Identitäten nicht festgelegt. Somit gibt es, laut Hall, eine weitere Form der Identitätsentwicklung. Diese kann bei Migrant_innen entstehen, die ihr Herkunftsland verlassen mussten. Trotz ihrer Heimats- und Traditionsverbundenheit verlieren sie sich nicht in ihrer Geschichte oder versuchen in diese heimzukehren. Sie leben in einer neuen kulturellen Welt und arrangieren sich mit dieser. Allerdings möchten sie ihre eigene kulturelle Identität mit ihrer Vergangenheit nicht gänzlich abgeben, da sie zu einem Teil zu dem eigenen Ich dazugehört und durch sie geformt wurden (vgl. ebd.). Entgegen der Entscheidung zwischen den Kulturen nennt Hall Identitäten, die mit dem Aufwachsen mehrerer kultureller Identitäten umgehen können (vgl. ebd.: 6). Dies sind Individuen mit einer hybriden kulturellen Identität (vgl. ebd.: 218). Die Voraussetzung einer hybriden Identitätsbildung ist das Ausreißen aus festen Strukturen. Die Identität wird dabei vor allem über die Unterschiede herausgebildet (vgl. ebd.: 11). Sie möchten sich nicht harmonisieren, da sie aufgrund ihrer Sozialisation das Ergebnis verschiedener ineinandergreifender Kulturen, Traditionen sowie Geschichten sind. Diese sind miteinander verzahnt, da sie sich zu diversen Orten und nicht nur zu einer Heimat zugehörig fühlen (vgl. ebd.: 218). Individuen mit hybrider Identität „[...] mußten [sic] den Traum oder die Ambition aufgeben, irgendeine 'verlorene' kulturelle Reinheit, einen ethnischen Absolutismus, wiederentdecken zu können" (ebd.).

Es stellt sich die Frage, wie es gelingen kann, dass Minoritäten sich selbst in der Gesellschaft frei positionieren können, ohne dass sie diese Position von außen zugeschrieben bekommen (vgl. ebd.: 39). Laut Stuart Hall ist die Antwort darauf, dass die Mehrheitsgesellschaft die Unterschiedlichkeit der Minorität anerkennen und schätzen zu lernen sollte (vgl. ebd.: 41): „[Ein] Konzept von 'Identität', das mit und von – nicht trotz – der Differenz lebt, das durch Hybridbildung lebendig ist" (ebd.).

Es gibt eine zweigeteilte Meinung über hybride Identitäten. Einerseits wird die hybride Identität als etwas Positives erachtet, denn sie eröffnet neue Identitäten und die Nationalidentität würde hierbei in den Hintergrund geraten (vgl. ebd.: 218f). Darüber hinaus könnten innergesellschaftliche Verbindungen erschaffen werden, da die Menschen, die mit zwei Kulturen und somit unterschiedlichen Identitäten umgehen mussten, die Möglichkeit haben, diese zu verknüpfen (vgl. Hall 1994: 6). Andererseits wird kritisiert, dass das Einbeziehen einer weiteren Kultur für die eigene Kultur negative Auswirkungen haben könnte (vgl. Hall 1994: 219).

In dem aufgeführten Abschnitt habe ich gezeigt, welche Auswirkungen die Globalisierung auf nationale Identitäten haben kann und wie sie sich in der Globalisierung entwickeln. Dabei gab es verschiedene Formen der Identitätsentwicklung, die aufgrund der Globalisierung entstehen können. Darunter fasst sich unter anderem eine spezifische Form der Identitätsbildung, die hybride Identität. Dieser gelingt es, mit verschiedenen Kulturen umzugehen, ohne sich nur auf eine einzige Kultur beziehen zu müssen. Im folgenden Kapitel werde ich einen Versuch vornehmen, die kulturelle Identität türkeistämmiger Migrant_innen in Deutschland als konstruierte Gemeinschaft zu analysieren. Dazu werde ich die aufgeführte Theorie der kulturellen Identität in einen Zusammenhang mit den Gründen für die Zustimmung für die Verfassungsänderung von den türkeistämmigen Migrant_innen in Deutschland bringen.

# 7 Die kulturelle Identität türkeistämmiger Migrant_innen

Zu einer ethnischen Gruppe zählen meist Minderheitengruppen einer Gesellschaft (vgl. Groenemeyer 2003: 17). Die in meiner Arbeit thematisierte ethnische Minderheitengruppe ist die der in Deutschland lebenden türkeistämmigen Migrant_innen. Die auf ethnische Merkmale basierenden Fremd- oder Selbstzuschreibungen haben Auswirkungen auf die Identitätsbildung (vgl. ebd.: 12). Türkeistämmige Migrant_innen werden aufgrund herkunftsspezifischer und kultureller Faktoren von der deutschen Aufnahmegesellschaft als eine ethnische Gruppe definiert oder definieren sich selbst als solche (vgl. ebd.: 15). Dabei werden die kulturellen Merkmale, die sie miteinander verbinden (vgl. Hall 1994: 207), über angenommene Gemeinsamkeiten konstruiert (vgl. ebd.: 21), um einer kollektiven Gemeinschaft anzugehören oder von anderen dieser zugeordnet zu werden (vgl. Giordano 1998: 213). Uslucan sagt hierzu passend: „Denn die unterstellte Fremdheit der Türken ist ja kein unausweichliches Merkmal ihrer Existenz, keine natürliche Eigenschaft, sondern vielmehr die Definition einer Beziehung; festgehalten und ausgesprochen von jenen, die die Deutungsmacht innehaben und das Eigene als Standard ansetzen" (Uslucan 2011: 9). Je nachdem, ob es sich dabei um Selbst- oder Fremdzuschreibungen handelt, hat dies Einfluss auf die Identität der Minderheitengruppe (vgl. Groenemeyer 2003: 16). Wie bereits oben theoretisch ausgeführt, führen vor allem Fremdzuschreibungen zu Stigmatisierung und Ausgrenzungen und gipfeln schlussendlich in der Marginalisierung der entsprechenden Gruppe (vgl. Hilk 2016: 71). Bezogen auf die türkeistämmigen Migrant_innen sagt Hormel: „Es kann aber nicht übersehen werden, dass im Fall von Ethnisierung vorgängige Zuweisungen und Zuschreibungen hoch relevant sind, so etwa die Konstruktion einer ethnischen Identität 'der Türken' in Deutschland, die von den so Adressierten nicht beliebig ignoriert werden können" (Hormel 2003: 50). Bei der Selbstzuschreibung hingegen haben sie die Möglichkeit, sich von anderen Gruppen abzugrenzen (vgl. Giordano 1998: 212). Migrant_innen können sich über ethnische Zugehörigkeit mit einer Gruppe solidarisieren (vgl. Hilk 2016: 71). Die Studie „Integration und Religion aus der Sicht von Türkeistämmigen in Deutschland" zeigt, dass die zweite und dritte Generation besser integriert ist als die erste Generation, gleichzeitig aber ihre eigene Kultur bewahren möchten und selbstbewusst ihre Herkunftskultur äußern und dieser gegenüberstehen wollen (vgl. Pollack, u.a. 2016: 20). Die Autoren der Studie interpretieren die Ergebnisse der zweiten und dritten Generation als demonstrativen Ausdruck ihrer kulturellen Identität, auch um sich abzugrenzen (vgl. ebd.: 12). Die Ethnizität ist somit ein wichtiger Aspekt der Minderheitengruppe (vgl. Hall 1994: 62), um sich gegen Unterdrückungen zur Wehr zu setzten (vgl. Softić 2009: 62).

Der Begriff Identität ist im Zusammenhang mit Migrant_innen von großer Bedeutung (vgl. Hill 1990: 25), denn sie kann Individuen Sicherheit geben (vgl. Hall 1994: 51). Die türkeistämmigen Migrant_innen haben in ihrer Identität über Erdoğan Sicherheit erlangt, da er ihnen ein Gefühl von Stärke und Größe vermittelt und ihre Sorgen ernst nimmt, so Sofuoglu, der Vorsitzende der Türkischen Gemeinde in Baden- Württemberg (vgl. Badische Zeitung 2017).

Wie bereits beschrieben, befindet sich die Identität in einem dauerhaften Prozess und wird immer wieder neu konstruiert (vgl. Hall 1994: 30). Die Identität kann nur in Abgrenzung zu anderen Identitäten entwickelt werden (vgl. ebd.: 73) und ist davon abhängig, wie sie aus den Augen anderer Individuen gesehen wird (vgl. ebd.: 74).

Nach dem Verfassungsreferendum führt der Migrationsforscher und wissenschaftliche Leiter des Zentrums für Türkeistudien Haci-Halil Uslucan zu dem Abstimmungsergebnis der türkeistämmigen Migrant_innen in Deutschland an, dass die Identifikation türkeistämmiger Migrant_innen mit der deutschen Aufnahmegesellschaft unter anderem aufgrund der Sarrazindebatte von 2010 nachgelassen habe (vgl. Tagesspiegel 2017b) und die Verbundenheit mit dem Herkunftsland eher zunehmen würde (vgl. Tagesschau 2017a). Uslucan führt eine in Nordrhein-Westfalen durchgeführte Studie auf, laut derer sich 40 Prozent der Befragten im Jahr 2010 mit der Türkei sowie Deutschland gleich stark verbunden fühlten. Im Jahr 2015 sank die Zahl auf 30 Prozent (vgl. Neues Deutschland 2017). Da sich die Verbundenheit mit dem Herkunftsland von Zeit zu Zeit stark verändere, hänge die Identifikation mit dem Herkunftsland mit der gesellschaftlichen Lage zusammen (vgl. ZfTI 2014: 4). Das Zugehörigkeitsgefühl zu Deutschland, das in den letzten Jahren gleichbleibend war, verlor unter anderem aufgrund der Sarrazindebatte an Stabilität (vgl. Foroutan 2010: 69). „Angst, Rückzug, Apathie und Trotz dominieren, auch wenn aktive Bekenntnisse zu Deutschland als Heimat artikuliert werden" (ebd.). Daran lässt sich erkennen, dass der Prozess der Identität, also die Identifikation, unbeständig ist (vgl. Hall 1994: 182) und sich an die Situation anpasst (vgl. ebd.: 183).

Durch die Identifikation wird eine kulturelle Identität geformt (vgl. ebd.: 182). Wie Hall in seiner Theorie beschreibt, unterliegt die kulturelle Identität Machtverhältnissen (vgl. ebd.: 29). Durch die Machtverhältnisse wird die Identität immer wieder neu konstruiert (vgl. ebd.: 30). Die Machtverhältnisse zwischen Deutschland und der Türkei greift Erdoğan auf und erwähnt die Ausgrenzung sowie die Unterdrückung der Türk_innen durch Europa, so Sofuoglu (vgl. Badische Zeitung 2017).

Die kulturelle Identität verbindet und unterscheidet Individuen mit anderen Individuen (vgl. Keupp 2008: 172). Um eine gemeinsame Kultur bilden zu können, werden Erlebnisse in einen fiktiven Zusammenhang gesetzt (vgl. Hall 1994: 27). Das bedeutet, dass sich türkeistämmige Migrant_innen zu anderen türkeistämmigen Migrant_innen zugehörig fühlen, weil sie von einer gemeinsamen Herkunft ausgehen. Daraus entsteht die Gruppenzugehörigkeit zu anderen türkeistämmigen Migrant_innen. Am Beispiel des Verfassungsreferendums zeigt sich, dass Erdoğan der türkeistämmigen Bevölkerung in Deutschland eine Identifikation gibt, die sie in Deutschland vermisst haben, so Muhammet Balaban vom nordrhein-westfälischen Integrationsrat in einem Interview (vgl. Deutschlandfunk 2014). Erdoğan gibt türkeistämmigen Migrant_innen das Gefühl, einer von ihnen zu sein (vgl. Ulusoy 2014: 3).

Wie Hall in seiner Theorie aufführt, trägt die Mehrheitsgesellschaft die Macht und vermittelt der Minderheitengruppe das Gefühl, nicht dazuzugehören (vgl. Hall 1994: 30). Auch dies kann in der Realität aufgezeigt werden. Laut einer repräsentativen Befragung der Bertelsmann Stiftung von 2009 fühlen sich 73 Prozent der türkeistämmigen Befragten mittel oder schwach integriert (vgl. Bertelsmann Stiftung 2009: 15). Des Weiteren fühlen sich 24 Prozent der türkeistämmigen Befragten in Deutschland fremd. Darüber hinaus stimmten 31 Prozent der türkeistämmigen Befragten der Aussage „Ich werde von vielen als Fremder bezeichnet" zu (vgl. Bertelsmann Stiftung 2009: 17). In derselben Studie äußerten 61 Prozent der türkeistämmigen Bevölkerung das Gefühl, nicht so anerkannt zu sein wie jemand, der aus Deutschland stammt (vgl. ebd.: 18). Die empfundene Macht der Mehrheitsgesellschaft kann auch an der Studie „Integration und Religion aus Sicht von Türkeistämmigen in Deutschland" gesehen werden. In der Studie wurde nach dem Anerkennungsgefühl gefragt. 54 Prozent der türkeistämmigen Befragten sind der Meinung, dass ihre Anstrengungen nicht genügen, um als ein Teil der deutschen Gesellschaft anerkannt zu werden (vgl. Pollack, u.a. 2016: 7). Ein Ergebnis zeigt, dass die Hälfte der türkeistämmigen Bevölkerung in Deutschland ein Gefühl von mangelnder Anerkennung hat (vgl. ebd.: 20). Bezogen auf das Verfassungsreferendum greift die AKP das Thema auf und steigert bei der türkeistämmigen Bevölkerung in Deutschland das Gefühl der Unerwünschtheit. Einerseits wurde dadurch der Rechtspopulismus gestärkt, andererseits hat dies wiederum Erdoğan genutzt, um die Opferdebatte aufzugreifen (vgl. Tagesspiegel 2017b) und Deutschland sowie Europa als Feindbild darzustellen (vgl. Spiegel Online 2017b).

Wie in der Theorie aufgeführt, ist der Minderheitengruppe ihr Status als Bürger_innen zweiter Klasse bewusst (vgl. Hall 1994: 85). Dies kann auch auf die Minderheitengruppe der türkeistämmigen Bevölkerung angewendet werden. Unter den türkeistämmigen Befragten stimmten bei der oben genannten Studie 51 Prozent der folgenden Aussage zu: „Als Türkeistämmiger fühle ich mich als Bürger 2. Klasse" (vgl. Pollack, u.a. 2016: 7).

Hall führt in seiner Theorie den entwickelten Westen an, der Minderheiten als „die Anderen" wahrnimmt (vgl. Hall 1994: 32). Dadurch wird Druck aufgebaut, sich an die Mehrheitsgesellschaft anpassen zu müssen (vgl. ebd.: 30). Doch im medialen Diskurs wird das Thema Integration meist einseitig dargestellt. Es wird nur die Seite der Migrant_innen beleuchtet (vgl. Schulte 1999: 86) „und deren vermeintlichen Defizite [...] thematisiert und von daher auf das Scheitern des Zusammenlebens geschlossen" (ebd.). Migrationsforscher Serhat Karakayali sagt in einem Interview mit Spiegel Online, dass die Zustimmung der türkeistämmigen Migrant_innen nicht einer gescheiterten Integration zu Schulden komme (vgl. Spiegel Online 2017b). Vielmehr habe die in der öffentlichen Diskussion angenommene gescheiterte Integration der türkeistämmigen Bevölkerung zur Folge, dass sich diese nicht zugehörig fühlen, so Uslucan (vgl. Neues Deutschland 2017). Uslucan erwähnt, dass die die Loyalität gegenüber Deutschland gesunken sei, da die türkeistämmige Bevölkerung in ein negatives Licht gerückt wurde (vgl. Tagesspiegel 2017b). Somit könnte die verstärkte Feindseligkeit gegenüber der Türkei seitens der deutschen Aufnahmegesellschaft, laut Ayku Düzgüner, dem Vorsitzende der Deutsch-türkischen Gesellschaft in Stuttgart, an der Befürwortung der Verfassungsänderung beteiligt sein (vgl. Badische Zeitung 2017). Des Weiteren erklärt der Migrationsforscher Serhat Karakayali, dass das Unverständnis der deutschen Aufnahmegesellschaft über das Abstimmungsverhalten der türkeistämmigen Bevölkerung zu Folge hat, dass Teile der türkeistämmigen Migrant_innen dies wiederum auf Rassismus und Muslimfeindlichkeit der deutschen Aufnahmegesellschaft zurückführen. Dass Rassismus und die Muslimfeindlichkeit in weiten Teilen der Bevölkerung auch wirklich besteht, ist Erdoğan und der AKP bewusst. Laut Karakayali nutzen sie diese Erfahrungen der türkeistämmigen Bevölkerung in Deutschland für ihre eigenen Absichten (vgl. Spiegel Online 2017b).

Es stellt sich die Frage, wie türkeistämmige Migrant_innen mit dem beschriebenen Anpassungsdruck und der Unterdrückung durch die Mehrheitsgesellschaft umgehen können. Hall führt in seiner Theorie die „Identitätspolitik ersten Grades" auf. Diese entwickeln Minderheiten, um gegen stigmatisierende Zuschreibungen vorzugehen sowie um sich gegen Unterdrückung und Diskriminierung zu wehren (vgl. Hall 1994: 78). Die Identitätspolitik ersten Grades werde ich anhand der türkeistämmigen Migrant_innen aufzeigen. Bei der Mehrthemenbefragung des ZfTI im Oktober 2014 wurden in Nordrhein-Westfalen 1000 türkeistämmige Personen ab 18 Jahren zu ihrer wirtschaftlichen Lage und Zufriedenheit befragt. Unter den 1000 Befragten befanden sich Personen mit türkischer, als auch Personen mit deutscher Staatsangehörigkeit. Die Ergebnisse zeigen auf, dass sich zwei Drittel der Befragten in den vergangenen zwei Jahren aufgrund ihrer Herkunft diskriminiert fühlten. Des Weiteren hängt der Kontakt zu der Mehrheitsgesellschaft mit der Identifikation und dem Empfinden nach Zugehörigkeit zusammen. Je seltener sich Migrant_innen Diskriminierungen ausgesetzt fühlen und je mehr Kontakt zu der Aufnahmegesellschaft besteht, desto höher ist die Wahrscheinlichkeit der Identifikation mit der Aufnahmegesellschaft oder beiden Ländern (vgl. ZfTI 2014: 4). Durch Ausgrenzungsmechanismen bleibt Individuen die Identifikation mit der Mehrheitsgesellschaft verwehrt. Das bedeutet, dass Individuen aufgrund von Ausgrenzungen, diskriminierenden Fremdzuschreibungen und von außen konstruierten Gemeinsamkeiten eine kollektive Identität bilden, der sie sich anschließen können und angehören (vgl. Hall 1994: 78).

In der aufgeführten Theorie beschreibt Hall, dass die Reaktion von Minderheiten auf Diskriminierung und Abgrenzung das Bilden einer eigenen Identität bzw. die Identifikation der Kultur aus dem Herkunftsland sein kann, auf die sich das Individuum rückbesinnt. Hall führt hierzu auch auf, dass dabei ein politischer Separatismus in manchen Teilen der muslimischen Gemeinschaft aufkommt (vgl. ebd.: 216). Wie bereits aufgeführt, konnte dieses Phänomen auch bei türkeistämmigen Migrant_innen aufgezeigt werden, die sich, aufgrund von Ausgrenzungsmechanismen und diskriminierendem Verhalten seitens der deutschen Aufnahmegesellschaft, wieder der Türkei zuwenden. Laut eines Interviews mit Muhammet Balaban schließen sich einzelne Individuen, die sich benachteiligt fühlen, mit anderen Individuen, die sich ebenfalls benachteiligt fühlen, zusammen. So mobilisiert sich eine Gruppe (vgl. Deutschlandfunk 2014). In Bezug auf das Abstimmungsergebnis des Verfassungsreferendums seitens der türkeistämmigen Migrant_innen in Deutschland ist Uslucan, der Meinung, dass jedes Individuum das Anliegen hat, einem starken Kollektiv anzugehören. Des Weiteren erklärt er in einem Interview, dass aus dem Ergebnis des Verfassungsreferendums ein Teil der türkeistämmigen Bevölkerung dieses Gefühl in Deutschland nicht vermittelt bekomme und aus diesem Grund in der Türkei suche (vgl. Tagesschau 2017a).

Laut der beschriebenen Identitätspolitik ersten Grades von Hall bildet die Wiederentdeckung einer kollektiven Identität die Basis für eine Gegenpolitik (vgl. Hall 1994: 78). Mit der Gegenpolitik kann hierbei die Zustimmung der türkeistämmigen Migrant_innen zu dem Verfassungsreferendum gemeint sein. Bei der Gegenpolitik greift die Minderheitengruppe die negativ konnotierte kulturelle Identität auf und versucht sie in eine positive Identität umzuwandeln (vgl. Keupp 2008: 171). Bei türkeistämmigen Migrant_innen liegt solch eine Umkehrung der Identität nicht explizit vor, weshalb eine entsprechende Analyse nicht möglich ist. Darüber hinaus wehrt sich die Minderheitengruppe bei der Identitätspolitik ersten Grades gegen die empfundene Diskriminierung der Mehrheitsgesellschaft und wirkt dieser entgegen (vgl. Keupp 2008: 171). Die in der Vergangenheit empfundene Diskriminierung und den damit verbundenen Protest in Form von einer Zustimmung beim Verfassungsreferendum nennt Gökay Sofuoglu, der Chef der Türkischen Gemeinde in Deutschland, als einen Grund für den Ausgang des Verfassungsreferendums (vgl. Spiegel Online 2017a). Der Migrationsforscher Uslucan merkt in einem Interview an: „Die realen Ausschlüsse und die Tatsache, zu einer sichtbaren Minderheit zu gehören [...] führen dann häufig zu einer besonderen Sensibilität" (vgl. Tagesspiegel 2017b). Laut Hall kann es ohne die Identitätspolitik ersten Grades zu keiner Mobilisierung ethnischer Minderheiten kommen (vgl. Hall 1994: 78). Alles in allem könnte somit angenommen werden, dass sich die türkeistämmigen Migrant_innen in Deutschland mit der Zustimmung zu der Verfassungsänderung gegen die Unterdrückung der Mehrheitsgesellschaft wehrt.

In dem Abschnitt habe ich gezeigt, dass sich die beschriebene Theorie der kulturellen Identität auf die kulturelle Identität der türkeistämmigen Migrant_innen anwenden lässt. Es hat sich gezeigt, dass türkeistämmige Migrant_innen aufgrund von Ausgrenzung, Diskriminierung und fehlender Anerkennung eine kulturelle Gemeinschaftsidentität bilden. Der letzte Abschnitt soll dazu dienen, meine Ausgangsfrage abschließend zu beantworten. Im Folgenden werde ich analysieren, inwiefern die spezifische Form der kulturellen Identität, die nationale Identität, als ein Grund für den Erfolg von Erdoğan und der AKP bei dem Verfassungsreferendum gelten kann.

# 8 Ausgrenzung und fehlende Anerkennung – Gründe für den Erfolg Erdoğans und der AKP in Deutschland

Die nationale Identität wird als natürliche Gegebenheit empfunden (vgl. Hall 1994: 199) und ist eine wichtige Ressource der Existenz (vgl. Gellner 1991: 61). Sie ist der Bezugspunkt der kollektiven Identität (vgl. Eickelpasch 2004: 68). Für die Gruppe der türkeistämmigen Migrant_innen stellt dieser Bezugspunkt die türkische Identität dar.

Laut dem Psychologen Kazim Erdoğan gilt dies vor allem für die zweite und dritte Generation türkeistämmiger Migrant_innen (vgl. Süddeutsche Zeitung 2017).

Sobald sich eine Nation einer anderen Nation gegenüberstellt, entsteht eine nationale Identität (vgl. Hall 1994: 200). Bezogen auf das Verfassungsreferendum könnte dies bei der Abstimmung der Fall gewesen sein. Dabei stellte sich die deutsche Aufnahmegesellschaft, die Erdoğan mehrheitlich kritisch gegenübersteht, jenen Teilen der türkeistämmigen Bevölkerung gegenüber, die den türkischen Präsidenten unterstützen (vgl. Ulusoy 2017: 5f).

Ein Individuum identifiziert sich mit einer Nationalkultur, weil sie ein Gemeinschaftsgefühl hervorruft (vgl. Hall 1994: 200). Der Politologe Seyder beschreibt, dass dabei Nationalismus eine Rolle spiele. Die türkeistämmigen Migrant_innen empfanden die Kritik an Erdoğan als einen Angriff auf die Türkei. Es entstand das Gefühl, dass die Türkei von allen Seiten kritisiert wurde und die türkeistämmigen Migrant_innen ihr Herkunftsland gegen jene Kritik verteidigen müssten, damit der türkische Nationalismus als Tradition weiter bestehen bleibe (vgl. Tagesschau 2017b). Durch die verlorengegangene politische Mitte gelten diejenigen, die Erdoğan nicht befürworten, für die Anhänger_innen Erdoğans als Verräter_innen, so Kazim Erdoğan (vgl. Süddeutsche Zeitung 2017). Es handle sich somit zum Teil um eine Art Trotzreaktion, so Seyder (vgl. Tagesschau 2017b). An der Zustimmung für die Verfassungsänderung der türkeistämmigen Migrant_innen kann ebenfalls gesehen werden, dass, wie Hall beschreibt, die Identifizierung einer nationalen Kultur das Verhalten der Individuen bestimmen kann.

Die Konstruktion einer Nation dient den Individuen dazu, sich mit dieser zu identifizieren (vgl. Hall 1994: 201). Erdoğan hat genau das bei dem Verfassungsreferendum getan. Er konstruierte eine Nation und rief dabei Gefühle von Gemeinschaft und Stolz hervor. Des Weiteren betonte er die türkische Identität, so Uslucan im

Interview mit der Tagesschau. Dadurch habe er auch die jüngere Generation ange-
sprochen (vgl. Tagesschau 2017a).

Für eine nationale Kultur müssen, laut Hall, die ihr angehörenden Individuen nicht
homogen sein (vgl. Hall 1994: 205). Dies zeigt sich auch an der heterogenen Gruppe
der türkeistämmigen Migrant_innen (vgl. Sentürk 2014: 3): „Die türkische Bevölkerung in Deutschland ist nicht nur nach ihrer ethnisch-kulturellen Herkunft, sondern auch nach vielen konfessionellen und ideologischen Strömungen sehr hetero-
gen" (ebd.). Laut der beschriebenen Theorie von Stuart Hall ist die nationale Kultur
ein Konstrukt, das unterschiedliche Gruppenangehörige unter einer gemeinsamen
Identität verbindet (vgl. Hall 1994: 206). Die Identität begründet sich auf einer vermeintlich naturgegebenen gemeinsamen Kultur, denn homogene Nationen existieren nicht (vgl. ebd.: 207). Die unterschiedlichen Identitäten werden in einer Nationalkultur vereinheitlicht (vgl. ebd.: 208) und somit wird eine homogene Gruppe
konstruiert (vgl. ebd.: 200). Wie bereits aufgeführt, schaffen es Erdoğan und die
AKP unter dem Deckmantel der türkischen Identität eine Gruppenidentität zu konstruieren. Aufgrund von Machtstrukturen fassen sich Individuen unter einer kulturellen Identität zusammen, um sie für die nationale Kultur zu homogenisieren. Damit bilden sie eine Einheit (vgl. ebd.: 206). Karakayali führt dazu in einem Interview
auf, dass Erdoğan und die AKP in der Türkei eine homogene Gesellschaft entwickeln wollen, die konform und einheitlich ist (vgl. Spiegel Online 2017b).

Nachdem ich herausgearbeitet habe, dass Erdoğan und die AKP eine türkische Nationalkultur bzw. Nationalidentität konstruiert, werde ich anhand der oben geschil-
derten Theorie erläutern, wie dies von statten geht.

Die erste Strategie ist die Herstellung einer gemeinsamen Geschichte sowie Erfahrungen, die die Angehörigen einer Nation miteinander verbindet. Das Zugehörigkeitsgefühl einer so konstruierten Nation vermittelt den Individuen Sicherheit und
Rückhalt (vgl. Hall 1994: 202). Erdoğan greift dieses Thema auf und gibt den türkeistämmigen Migrant_innen ein Zugehörigkeitsgefühl an einer türkischen Nation
(vgl. Ulusoy 2017: 8), die als natürlich gegeben erscheint (vgl. Hall 1994: 202). Ein
weiterer Punkt Halls ist die des Gründungsmythos, bei dem der Ausgangspunkt der
Nation so weit zurückliegt, dass er für das Individuum nicht greifbar ist (vgl. ebd.:
203). Hierbei könnte interpretiert werden, dass sich Erdoğan auf die früher ent-
standene türkische Nation beruft. Des Weiteren werden traditionelle Werte und
Normen konstruiert, um einen Zusammenhalt zu schaffen (vgl. Hall 1994: 203). Dafür würde auch die Aussage Uslucans sprechen, der behauptet, dass die türkeistämmige Bevölkerung bei den Abstimmungen oder Wahlen in der Türkei nach ihren

Werten wählen würden (vgl. Neues Deutschland 2017). Zuletzt wird die Nationalkultur bei türkeistämmigen Migrant_innen mit der Annahme einer früher entstan-
denen vollkommenen Gesellschaft konstruiert (vgl. Hall 1994: 203).

Durch die Globalisierung vermischen sich die Gesellschaften untereinander (vgl.
ebd.: 208) und Nationalidentitäten verändern sich. Die Individuen, die in globalisierten Zeiten das Bedürfnis haben, Nationalkulturen wieder aufleben zu lassen, da
sie ihnen Sicherheit geben (vgl. ebd.: 217), könnten die von mir aufgeführten nationalen Identitäten der türkeistämmigen Migrant_innen sein, die für eine Verfassungsänderung in der Türkei gestimmt haben. Des Weiteren gibt es in Zeiten der
Globalisierung auch die Individuen, die die Differenz und Uneinheitlichkeit anerkennen und sich der neuen Identität anpassen (vgl. Hall 1994: 217). Übertragen
auf die Abstimmung zum Verfassungsreferendum lässt dieser Punkt die Vermutung
zu, dass es sich dabei um die türkeistämmigen Migrant_innen handelt, die keine
Staatsmitgliedschaft in der Türkei besitzen oder diese abgegeben haben und somit
nicht an der Abstimmung teilnehmen durften. Darüber hinaus zeigt sich am Abstimmungsergebnis, dass ein Teil der türkeistämmigen Migrant_innen gegen eine
Verfassungsänderung gestimmt hat. Dies lässt die Interpretation zu, dass es sich
hierbei, zumindest teilweise, um hybride Identitäten handeln könnte. Laut Hall lösen hybride Identitäten nationale Identitäten ab (vgl. Hall 1994: 209). Hybride
Identitäten sind das Ergebnis mehrerer kulturellen Identitäten (vgl. ebd.: 218) und
können mit der Sozialisation mehrerer Kulturen umgehen (vgl. ebd.: 6). Diese Form
der Identitätsbildung könnte auch bei türkeistämmigen Migrant_innen bestehen,
die in die deutsche Aufnahmegesellschaft migrieren.

## 9 Fazit und Ausblick

In meiner Arbeit habe ich das Verfassungsreferendum in der Türkei im April 2017 skizziert. Dabei habe ich die möglichen Gründe, die für den Erfolg Erdoğans und der AKP im Zusammenhang mit dem Abstimmungsergebnis des Verfassungsreferendums ausschlaggeben gewesen sein könnten, herausgearbeitet. Vor allem die Gründe in der türkeistämmigen Bevölkerung in Deutschland waren für meine Arbeit von Relevanz. Dabei kam ich auf das Ergebnis, dass eine Zustimmung zu dem Verfassungsreferendum der türkeistämmigen Migrant_innen in Deutschland nicht zwangsläufig mit einer Demokratieablehnung einhergehe. Des Weiteren habe ich weitere mögliche Gründe für das Abstimmungsverhalten der türkeistämmigen Migrant_innen in Deutschland herausgearbeitet. Ich kam zu dem Ergebnis, dass unter anderem migrationsspezifische Einflüsse sowie die Organisation der AKP um das Verfassungsreferendum mögliche Gründe gewesen sein könnten. Darüber hinaus könnten die Machtstrukturen der AKP an dem Wahlausgang beteiligt gewesen sein.

Im Besonderen bin ich auf die im medialen Diskurs aufgeworfene Frage nach Ausgrenzung, Diskriminierung sowie fehlender Anerkennung näher eingegangen und habe diese anhand verschiedener Theorien analysiert. Alles in allem komme ich zu dem folgenden Fazit.

Die in der Bevölkerung herrschende Diskriminierung von Migrant_innen, die zumeist negative Berichterstattung über den türkischen Präsidenten sowie die Gefühle der fehlenden Anerkennung und Ausgrenzung türkeistämmiger Migrant_innen, all das beeinflusst die Suche nach einer Identität. Diese Identität kann in einer kollektiven kulturellen Identität gefunden werden. Dort begegnen sich diejenigen, die unter denselben Problemen und Ausgrenzungsgefühlen von Seiten des Aufnahmelandes leiden – es kommt zur Bildung einer Nationalidentität. Diese vermittelt der türkeistämmigen Bevölkerung ein Gefühl von Anerkennung, die ihnen in der deutschen Aufnahmegesellschaft teilweise nicht entgegengebracht wird. Die AKP und Erdoğan haben diese Gefühle aufgegriffen und für ihre Zwecke instrumentalisiert. Zusammengefasst kann somit festgehalten werden, dass Ausgrenzung, Diskriminierung und fehlende Anerkennung der türkeistämmigen Bevölkerung in der deutschen Aufnahmegesellschaft als Gründe für die Zustimmung zu dem Verfassungsreferendum in der Türkei gelten könnten.

Unter Betrachtung aller aufgeführten Aspekte kann abschließend festgehalten werden, dass sich die Analyse aufgrund der Datenlage als äußerst schwierig darstellte und die Ergebnisse demzufolge mancherlei Lücken enthalten. So war es beispielsweise nicht möglich meine anfangs gestellte Frage erschöpfend zu beantworten. Deshalb beschränke ich mich hier auf die Formulierung einer forschungsrelevanten These, welche es jedoch in weiteren Arbeiten genauer zu untersuchen gilt: Diskriminierung, Ausgrenzung und fehlende Anerkennung stellen Gründe dar, die das Abstimmungsverhalten türkeistämmiger Migrant_innen in Deutschland bei dem Verfassungsreferendum in der Türkei beeinflusst haben.

Meine These kann im Zusammenhang mit weiteren Aspekten für nachfolgende Forschungen zu diesen oder ähnlichen Themen einbezogen werden.

Bislang gibt es fast keine empirischen Studien oder verlässlichen Daten zu exterritorialem Wahlverhalten türkeistämmiger Migrant_innen in Deutschland (vgl. Krumm 2016: 765). Darüber hinaus konnte ich aufgrund der Datenlage den sozialen Hintergrund (Geschlecht, Generation, Alter, Bildungsgrad, Einkommen, Einwanderungsgrund sowie die Herkunftsregion) der Befürworter_innen des Verfassungsreferendums ebenfalls nicht bestimmen geschweige denn genauer analysieren. Von Relevanz könnte allerdings eine Studie der Universität Duisburg-Essen sein, die im März 2018 veröffentlicht werden soll. Teil der Studie wird die Identität und Diskriminierungserfahrung sein. Im Allgemeinen soll die Studie die Gründe für das Wahlverhalten der türkeistämmigen Bevölkerung bei Wahlen in Deutschland erforschen. Eventuell ließen sich daraus jedoch weitere Erkenntnisse ziehen, die das exterritoriale Wahlverhalten der türkeistämmigen Bevölkerung in Ansätzen erklären könnte (vgl. Universität Duisburg-Essen 2017).

Um meine eingangs gestellte Frage jedoch hinreichend beantworten zu können, bedarf es einer empirischen Studie. Diese könnte wie folgt aufgebaut sein: Um diesem wenig beforschten Thema gerecht zu werden, schlage ich einen Mixed-Methods-Ansatz vor. Es könnten also qualitative und quantitative Erhebungen durchgeführt und die Daten im Anschluss entsprechend analysiert werden. Für die qualitative Erhebung böten sich Fokusgruppeninterviews mit türkeistämmigen Migrant_innen an, um einen Einblick in deren Interessenlage zu bekommen. Auf den extrahierten Ergebnissen dieser Erhebung aufbauend ließe sich ein mehrsprachiger standardisierter Fragebogen entwerfen, der zur Überprüfung der gewonnenen Erkenntnisse auf gesamtgesellschaftlicher Ebene dienen könnte. Um Repräsentativität zu gewährleisten, sollte die Stichprobe über eine Zufallsmethode gezogen werden, die Fallzahl sollte hoch sein. Um dem Effekte der sozialen Erwünschtheit entgegenzuwirken, sollten die Befragungen unter Versicherung des Datenschutzes stattfinden.

Eine solche groß angelegte Studie wäre aus mehreren Gründen von Bedeutung. Einerseits könnten Vermutungen über die Gründe des Wahlausgangs geklärt werden. Solange die Gründe für den Wahlausgang nicht hinreichend erforscht sind, bleibt unklar, welche migrations- und integrationspolitischen Themen in Zukunft stärker fokussiert werden sollten.

Ohne fundierte Studien bleibt zudem viel Raum für Interpretationen und Behauptungen, die angesichts aktueller politischer und gesellschaftlicher Trends (Stichwort: Rechtspopulismus) die Gefahr bergen, sich gegen die gesamte türkeistämmige Bevölkerung in Deutschland zu richten. Somit könnte eine verstärkte Beforschung des Themenkomplexes zumindest als Wegweiser dienen, um den Bruch zwischen den türkeistämmigen Migrant_innen und der deutschen Mehrheitsbevölkerung nicht größer werden zu lassen bzw. diesen zu reduzieren.

Darüber hinaus wirft meine Arbeit weitere Fragen auf, die für die Wahl- und Parteienforschung von Relevanz sein könnten. Wie bereits beschrieben, gab es neben Deutschland weitere Länder mit türkeistämmigen Migrant_innen, die sich mehrheitlich für eine Verfassungsänderung aussprachen. Zu diesen gehörten die Niederlande, Belgien und Österreich. Allerdings gibt es auch Länder wie zum Beispiel Italien, Russland, Spanien oder die USA, in denen die türkeistämmige Bevölkerung gegen eine Verfassungsänderung gestimmt hat (Statista 2017a). Zu untersuchen wäre demnach, inwiefern sich der Umgang dieser Länder mit türkeistämmigen Migrant_innen voneinander unterscheidet bzw. inwiefern sich die jeweiligen türkisch-diasporischen „Communities" hinsichtlich politischer Einstellungen unterscheiden. Gibt es länderübergreifende Gründe für das unterschiedliche Abstimmungsverhalten?

Dies könnten Ansätze für weitere Forschungsarbeiten zu diesem Thema sein.

# Literaturverzeichnis

Aver, Caner (2013): Proteste gegen die Regierung in der Türkei, Eine Zwischenbilanz, in: http://www.zfti.de/downloads/zfti-aktuell-1.pdf, Stand: 12.08.2017.

Badische Zeitung (2017): Die Deutschtürken und ihre Wahl: Ein Erklärungsversuch, in: http://www.badische-zeitung.de/ausland-1/die-deutschtuerken-und-ihre-wahl-ein-erklaerungsversuch--135801779.html, Stand: 10.08.2017.

Bertelsmann Stiftung (2009): Zuwanderer in Deutschland, Ergebnisse einer repräsentativen Befragung von Menschen mit Migrationshintergrund, in: http://www.ifd-allensbach.de/uploads/tx_studies/7405_Zuwanderer.pdf, Stand: 12.08.2017.

Bundesministerium des Inneren (2016): Migrationsbericht des Bundesamtes für Migration und Flüchtlinge im Auftrag der Bundesregierung, Migrationsbericht 2015, Berlin.

Deutschlandfunk (2014): 1,4 Millionen Türken wählen in Deutschland, in: http://www.deutschlandfunk.de/praesidentschaftswahl-1-4-millionen-tuerken-waehlen-in.724.de.html?dram:article_id=293507, Stand: 12.08.2017.

Eickelpasch, Rolf, u.a. (2004): Identität, Bielefeld: transcript Verlag.

Esser, Hartmut (2001): Soziologie, Spezielle Grundlage, Band 6: Sinn und Kultur, Frankfurt am Main: Campus Verlag GmbH.

Foroutan, Naika, u.a. (2010): Sarrazins Thesen auf dem Prüfstand, Ein empirischer Gegenentwurf zu Thilo Sarrazins Thesen zu Muslimen in Deutschland, in: https://www.projekte.hu-berlin.de/de/heymat/sarrazin2010, Stand: 15.08.2017.

Gellner, Ernest (1991): Nationalismus und Moderne, Berlin: Rotbuch Verlag.

Giordano, Christian (1998): Ethnizität und das Motiv des mono-ethnischen Raumes in Zentral- und Osteuropa, in: Wicker, Hans-Rudolf (Hrsg.): Nationalismus, Multikulturalismus und Ethnizität, Beiträge zur Deutung von sozialer und politischer Einbindung und Ausgrenzung, Bern/ Stuttgart/ Wien: Verlag Paul Haupt, 207.

Groenemeyer, Axel (2003): Kulturelle Differenz, ethnische Identität und die Ethnisierung von Alltagskonflikten, ein Überblick sozialwissenschaftlicher Thematisierungen, in: Groenemeyer, Axel, u.a. (Hrsg.): Die Ethnisierung von Alltagskonflikten, Opladen: Leske + Budrich, 11.

Hall, Stuart (1994): Rassismus und kulturelle Identität, Ausgewählte Schriften 2, Hamburg: Argument Verlag.

Hilk, Christos (2016): Türkischstämmige Migranten in Deutschland, Zwischen Desintegration und Bildungsaufstieg, Marburg: Tectum Verlag.

Hill, Paul B., u.a. (1990): Identität und Identifikation, Was ist Identität?, in: Esser, Hartmut, u.a. (Hrsg): Generation und Identität, Opladen: Westdeutscher Verlag GmbH, 25.

Hossain, Nina, u.a. (2016): Partizipation– Migration– Gender, Eine Studie über politische Partizipation und Repräsentation von Migrant_innen in Deutschland, Baden-Baden: Nomos Verlagsgesellschaft.

Keupp, Heiner, u.a. (2008, 4. Auflage): Identitätskonstruktionen, Das Patchwork der Identitäten in der Spätmoderne, Reinbek: Rowohlt Taschenbuch Verlag.

Krumm, Thomas (2016): Im Ausland wählen: Die türkischen Parlamentswahlen vom 7. Juni und 1. November 2015 in Deutschland im Vergleich, in: https://www.nomos-elibrary.de/10.5771/0340-1758-2016-4-753/im-ausland-waehlen-die-tuerkischen-parlamentswahlen-vom-7-juni-und-1-november-2015-in-deutschland-im-vergleich-jahrgang-47-2016-heft-4?page=1, Stand: 17.06.2017.

Neues Deutschland (2017): Jeder Zweite, hierzulande, Warum Erdogan wählen? Ein Besuch in Berlin-Wedding, in: https://www.neues-deutschland.de/artikel/1057390.jeder-zweite-hierzulande.html, Stand: 10.08.2017.

Pollack, Detlef, u.a. (2016): Integration und Religion aus der Sicht von Türkeistämmigen in Deutschland, in: https://www.uni-muenster.de/imperia/md/content/religion_und_politik/aktuelles/2016/06_2016/studie_integration_und_religion_aus_sicht_t_rkeist_mmiger.pdf, Stand: 15.8.2017.

Schulte, Axel (1999): Politische Partizipation von MigrantInnen als Integrationsvoraussetzung: Zur Politik der Anerkennung, in: Assimenios, Stamatis, u.a. (Hrsg.): Aspekte politischer Partizipation von MigrantInnen in Deutschland, Bonn: Bundesarbeitsgemeinschaft der Immigrantenverbände in der Bundesrepublik (BAGIV) e.V., 85.

Sentürk, Cem (2014): Wahlrecht für Türken im Ausland, in: http://www.zfti.de/downloads/zfti_aktuell_3_wahlrecht.pdf, Stand: 12.08.2017.

Softić, Damir (2009): Does Ethnicity Matter? Zur Bedeutung von Ethnizität in der Repräsentationsarbeit von Migranten, Berlin: Wissenschaftlicher Verlag.

Spiegel Online (2017a): Aus Deutschland für Erdogan, in: http://www.spiegel.de/politik/deutschland/warum-deutsch-tuerken-fuer-erdogans-praesidialsystem-stimmen-a-1143688.html, Stand: 14.08.2017.

Spiegel Online (2017b): „Die glauben ja nicht, demokratisch zu sein", in: http://www.spiegel.de/kultur/gesellschaft/tuerkei-referendum-migrationsforscher-zum-wahlverhalten-von-deutsch-tuerken-a-1143755.html, Stand: 10.08.2017.

Statista (2017a): So stimmten Türken weltweit ab, in: https://de.statista.com/infografik/8980/so-stimmten-tuerken-weltweit-beim-verfassungsreferendum-ab/, Stand: 12.08.2017.

Statista (2017b): Anzahl der türkischen Wahlberechtigten in Ländern Europas im Jahr 2017, in: https://de.statista.com/statistik/daten/studie/688066/umfrage/tuerkische-wahlberechtigte-in-laendern-europas/, Stand: 12.08.2017.

Statistisches Bundesamt (2016): Bevölkerung und Erwerbstätigkeit, Bevölkerung mit Migrationshintergrund – Ergebnisse des Mikrozensus 2015, in: https://www.destatis.de/DE/Publikationen/Thematisch/Bevoelkerung/MigrationIntegration/Migrationshintergrund2010220157004.pdf?__blob=publicationFile, Stand: 07.08.2017.

Süddeutsche Zeitung (2017): Warum Erdoğan in Deutschland so viele Anhänger hat, in: http://www.sueddeutsche.de/politik/akp-warum-erdoan-auch-in-deutschland-so-viele-anhaenger-hat-1.3407093, Stand: 12.08.2017.

Tagesspiegel (2017a): Der türkische Trotz straft den Spott der Deutschen, in: http://www.tagesspiegel.de/politik/nach-dem-verfassungsreferendum-der-tuerkische-trotz-straft-den-spott-der-deutschen/19684144.html, Stand: 12.08.2017.

Tagesspiegel (2017b): Sarrazin und Erdogan arbeiten Hand in Hand, in: http://www.tagesspiegel.de/politik/migrationsforscher-haci-halil-us-lucan-sarrazin-und-erdogan-arbeiten-hand-in-hand/19688772.html, Stand: 10.08.2017.

Tagesschau (2017a): Warum das klare „Ja" aus Deutschland?, in: https://www.tagesschau.de/ausland/tuerkei-referendum-179.html, Stand: 09.08.2017.

Tagesschau (2017b): „Keine Frage der Integration", in: https://www.tagesschau.de/inland/interview-tuerkei-referendum-101.html, Stand: 10.08.2017.

Ulusoy, Yunus (2014): Erdoğan als Staatspräsident, Zeitenwende in der Türkei?, in: http://www.zfti.de/downloads/zfti_aktuell_4_staatspraesidentschaft.pdf, Stand: 23.06.2017.

Ulusoy, Yunus (2017): Verfassungsreferendum vom 16. April 2017: Ein Pyrrhussieg für Erdoğan?, in: http://zfti.de/wp-content/uploads/2017/04/ZFTI_AKTUELL-10_Referendum-END.pdf, Stand: 11.08.2017.

Universität Duisburg-Essen (2017): Migrantenwahlstudie, in: https://www.uni-due.de/migrantenwahlstudie/, Stand: 25.08.2017.

Uslucan, Haci-Halil (2011): Dabei und doch nicht mittendrin, Die Integration türkeistämmiger Zuwanderer, Berlin: Verlag Klaus Wagenbach.

Wicker, Hans-Rudolf (1998): Einführung: Nationalstaatlichkeit, Globalisierung und die Ethnisierung der Politik, in: Wicker, Hans-Rudolf (Hrsg.): Nationalismus, Multikulturalismus und Ethnizität, Beiträge zur Deutung von sozialer und politischer Einbindung und Ausgrenzung, Bern; Stuttgart; Wien: Verlag Paul Haupt, 9.

Zeit Online (2017a): „Was haben die für euch getan?", in: http://www.zeit.de/hamburg/politik-wirtschaft/2017-04/hamburg-edogan-referendum-gegner, Stand: 12.08.17.

Zeit Online (2017b): Dieses Votum sagt nicht, was alle Deutschtürken denken, in: http://www.zeit.de/politik/ausland/2017-04/deutschtuerken-tuerkei-referendum-volksabstimmung-recep-tayyip-erdogan, Stand: 12.8.17.

Zeit Online (2017c): Lasst sie wählen!, Warum geben Türken in Deutschland Erdoğan ihre Stimme?, in: http://www.zeit.de/2017/18/verfassungsreferendum-tuerkei-deutsch-tuerken-meine-tuerkei?utm_content=zeitde_redpost_zon_link_sf&utm_campaign=ref&utm_source=facebook_zonaudev_int&utm_term=facebook_zonaudev_int&utm_medium=sm&wt_zmc=sm.int.zonaudev.facebook.ref.zeitde.redpost_zon.link.sf, Stand: 12.08.2017.

ZfTI (2014): Wirtschaftliche Lage und Zufriedenheit türkeistämmiger Zuwanderer, in: http://www.zfti.de/downloads/zfti_aktuell-5_mehrthemen.pdf, Stand: 12.08.2017.

ZfTI (2015): Wie haben die Türken im Ausland gewählt? Stimmverteilung bei den Parlamentswahlen vom 7. Juni 2015, in: http://zfti.de/downloads/ZFTI_AKTUELL-7_Wahlergebnisse_2015_Auslandst%C3%BCrken.pdf, Stand: 08.08.2017.